视 听 新 媒 体 系 列

全媒体

运营理论与实务

武 琦 / 著

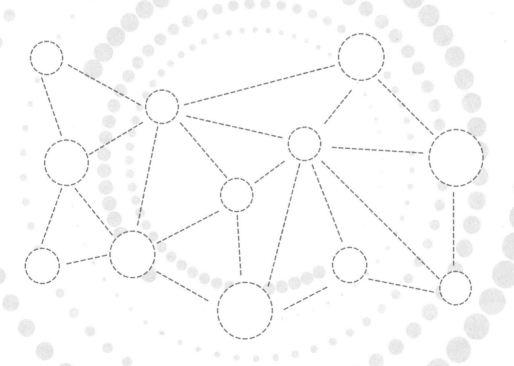

重庆大学出版社

图书在版编目(CIP)数据

全媒体运营理论与实务 / 武琦著 . -- 重庆：重庆
大学出版社, 2024. 12. -- ISBN 978-7-5689-4803-6

Ⅰ . G206.2

中国国家版本馆 CIP 数据核字第 2024US6909 号

全媒体运营理论与实务

QUANMEITI YUNYING LILUN YU SHIWU

武 琦 著

策划编辑：唐启秀

责任编辑：傅珏铭　　版式设计：唐启秀
责任校对：邹　忌　　责任印制：张　策

*

重庆大学出版社出版发行
出版人：陈晓阳
社址：重庆市沙坪坝区大学城西路 21 号
邮编：401331
电话：(023)88617190　88617185(中小学)
传真：(023)88617186　88617166
网址：http://www.cqup.com.cn
邮箱：fxk@cqup.com.cn(营销中心)
全国新华书店经销
重庆华林天美印务有限公司印刷

*

开本：720mm×1020mm　1/16　印张：8.75　字数：155 千
2024 年 12 月第 1 版　2024 年 12 月第 1 次印刷
ISBN 978-7-5689-4803-6　定价：40.00 元

在数字化的浪潮中,全媒体运营已成为连接信息、品牌与受众的桥梁。从新媒体的曙光初现到自媒体的繁花似锦,从融媒体的交响共鸣到智媒体的智能引领,在信息洪流的汹涌澎湃中,我们迎来了全媒体运营的黄金时代。《全媒体运营理论与实务》一书,为我们揭开了全媒体时代的运营智慧与实战策略。

本书不仅系统地梳理了全媒体运营的基础理论,更深入探讨了运营实践中的关键环节。书中对于不同类型平台的规则提供了精准的指导和洞察。这些内容不仅对学术研究者具有重要参考价值,更对业界从业者提供了实操性的指导和启发。值得一提的是,本书中对账号体系的定位与管理、内容体系的策划与创作、矩阵体系的搭建与运营等方面进行了详尽的阐述。这些内容对于全媒体从业者来说,无疑是提升专业能力的宝典。此外,书中的案例拆解部分,通过具体案例深入分析了个人账号、企业账号、政务账号的运营策略,以及与全媒体运营相关的政策与法规,进一步增强了本书的实用性和指导性。

全媒体运营作为一种新兴的传播模式,已经成为现代社会信息传播不可或缺的一部分。它以其独特的魅力和潜力,正在深刻地改变着我们的沟通方式、内容消费习惯乃至商业运作模式。它跨越了传统与现代媒体的界限,通过多渠道、多平台的融合,实现了内容的广泛传播和用户的深度参与。个性化推荐和定制服务让用户享受到贴心的内容体验,同时,也为品牌营销提供了精准的定位。然而,全媒体运营也面临着信息过载、用户隐私保护、法规适应等挑战,这要求运营者具备敏锐的洞察力和创新能力。更重要的是,全媒体运营承载着教育公众、引导社会价值观的重任,它不仅关乎商业成功,更关乎文化传

承和社会进步。

随着人工智能生成内容AIGC技术的兴起，全媒体运营的领域还将迎来一场革命。AIGC技术能够根据用户的行为、偏好和反馈，智能地生成个性化的内容，从而提升用户体验和参与度。面对未来，全媒体运营者需要不断探索和学习，以实现可持续发展，为构建更加丰富多元的信息社会贡献力量。

《全媒体运营理论与实务》是一本理论与实践并重、知识与技能相结合的专业书籍。它为那些渴望在全媒体领域内提升自我、实现创新突破的读者提供了宝贵的知识和灵感。我推荐这本书给希望了解全媒体运营奥秘的从业者，一起探索全媒体运营的无限可能。

人民日报社《人民周刊》杂志社总编辑　冯旭东

2024年5月20日

前言
QIANYAN

2023年是习近平总书记作出"加快传统媒体和新兴媒体融合发展"重要指示10周年。十年来,全媒体传播体系不断完善,媒体融合发展取得重大进展和显著成效。党的二十大报告提出,"加强全媒体传播体系建设,塑造主流舆论新格局"。这对我们牢牢掌握意识形态工作领导权话语权,推进文化自信自强提出了新要求。从建设立体多样、融合发展的现代传播体系到构建全媒体传播格局,再到建设全媒体传播体系,方向路径日益明晰、脚步日益坚定、成效日益显著。

2020年2月,国家人社部向全社会公布了16个新职业,其中一份职业为"全媒体运营师"。随着互联网技术不断发展,越来越多的政府、企业、个人通过全媒体运营来打造品牌形象,这使得全媒体领域迎来了繁荣发展期。同时,这也导致行业对全媒体从业者的需求急剧上升,并对他们的职业素养提出了明确要求。全媒体运营师负责对文字、声音、影像、动画、网页等信息内容进行策划和加工,并将信息载体向目标受众进行精准分发、传播和营销,根据实时数据分析来精准调整媒体分发的策略。因此,全媒体运营师应具备综合利用各种媒介技术和渠道的能力。

本书为2023年山西省教育科学"十四五"规划课题"数字中国视域下全媒体人才培养路径研究"(编号:GH-230140)的研究成果。从全媒体相关概念辨析与全媒体运营基础认知入手,对全媒体运营师必备能力与核心思维作出梳理。在此基础上,对短视频平台、中视频平台、虚拟社区平台、音频平台、聚合资讯平台、私域平台六类平台进行运营规则解析。本书的重点在第三、四、五章,分别从账号体系、内容体系、矩阵体系三方面给全

媒体运营从业者一些建议。本书的难点则在第六章,提出个人账号、企业账号、政务账号在运营过程中的问题与对策,并罗列出一些与全媒体运营息息相关的政策与法规。

目前,全媒体运营师这一新职业还存在着人才缺口,本书希望给想要或正在从事全媒体运营的相关工作者一些建议。笔者在写作过程中参阅了相关文献资料,谨向各位作者深表谢忱。由于全媒体运营师这一职业较新且各类平台运营规则更迭快,本书不足之处盼广大读者批评指正,衷心希望不吝赐教。

著 者

2024年4月

目 录
MULU

第一章　全媒体运营概述

第一节　全媒体相关概念辨析

互联网的出现引发了学术界和业界对新媒体、自媒体、融媒体、智媒体、全媒体等概念的深入探讨,但这些概念的含义与范围并不十分明确,也导致了在运用这些概念时的混淆。

图1.1　互联网媒体

一、新媒体:技术层面

在新媒体出现之前,信息主要通过报纸、广播、电视等传统媒体进行传递,而随着无线通信技术及网络技术的出现和发展,传统媒体的形态也出现了新形式。

从狭义的理解来看,所谓新媒体仅为信息通路上的改变。例如,与三大传统媒体相比,互联网可以被视为新兴媒体,相比于传统的户外广告牌,楼宇电视也属于新兴媒体范畴,数字化电视、智能手机等都可以被称为新媒体。在这个角度下,狭义的新媒体只是通过技术手段改变了信息传送的通路。新媒体作为一个历史性的、相对性和动态化的概念存在,技术的进步无疑是最基本的前提条件,每一次新的传播方式出现,都会引发新媒体的重新界定。

新媒体的广泛定义应被理解为信息传递过程的变化。传统媒体的传播过程主要是信源(信息源头)、信道(信息通路)、信众(信息受众)这三个信息传达环节的规律作用,通过信源找到信息,通过信道释放信息,再由信众接受信息。然而,新型媒介的产生对这一连串的过程产生了影响,重新分配了这个链条中各种角色的定位。

二、自媒体:信源层面

伴随着移动网络的迅速发展,智能手机已然成为最便捷的信息传递工具之一。它使得每个人都能随时随地轻松获取和发布信息,为自媒体的发展提供了理想的环境。在传统的新闻传媒领域,主流报纸、广播和电视等媒介始终掌握着信息传输的主导权,其特点是集中化、单线性且有序的信息流转。然而,在自媒体时代,信息传播的方式已经发生了巨大的变化,呈现非中心化、多样性和复杂性。所以,从信息传播的角度来看,相较于过去由专业媒体机构掌控的媒体时期,自媒体时代的显著特征是以一般公众为中心来推动信息交流的过程。

从定义上来说,狭义的自媒体指的是由单一个体进行信息生产,同时具备自主账号的媒体形式。在广义的概念下,"自"这个字不再局限于自身,它与第三方形成对比。传统的媒体模式把自己作为观察者来报道事件,但对于自媒体而言,我们可以将其视为一种"自我表达"的方式。所以,在这个广泛的语言背景里,自媒体不仅包括个人的创作,也涵盖团体或企业的社交平台。

随着社交媒体的发展与广泛应用,社会已然成为"直播社会"。这种现象既扩大了现代传播的形式、内容、领域和速度,也满足了公众对知识获取、参与决策和表达观点的需求。然而,大量的网络资讯往往让人们感到困惑,无法分辨方向。因此,如何提升信息接收的真实度、有效性,以及如何增强网民的法治观念和媒体素质等议题,都成了当前的关键挑战和亟待解决的问题。因此,2023年中央网信办发布《关于开展"清朗·从严整治'自媒体'乱象"专项行动的通知》,集中整治自媒体造谣传谣、假冒仿冒、违规营利等乱象,破解自媒体信息内容失真、运营行为失度等深层次问题。

三、融媒体:形态层面

近些年,中国新闻产业的重要议题之一就是媒体的融合发展。当谈到"融媒体"这个词时,通常指的是各种不同类型的媒体之间的结合和其合并后产生的表现形式。例如,融媒体中心、融媒体产品等。

以新媒体和传统媒体的结合作为核心出发点,融媒体主要关注的是两者间的持续整合过程。从微观的角度看,融媒体是指通过构建新的运作模式,对音频、视频和其他文本内容的收集、存储、规划、编排、审查和分配等工作环节进行一体化管理,最终实现统一计划、一次性获取、一处生产、多元发布、合理评估的整体运营系统。从宏观的视角看,融媒体主要在"渠道平台、经营管理、思维理念、技术平台"四个方面进行融合,它指的是建立在信息互通基础上,依据媒介不同属性进行协同传播的多元媒体矩阵及其传播形态,呈现融合一体化的生态传播圈层。[①]

四、智媒体:匹配层面

当前备受瞩目的另一个新兴词汇是"智媒体",相较传统的信息传播方式,其内容较为有限且经过精心筛选,然而这种"精选"并非传统媒体人面对大众的筛选,而是基于用户需求的智能匹配。与传统媒体相比,新媒体平台已成功解决了一系列如传递速率、数据规模及影响范围的问题,但同时也带来了诸如信息爆炸式增长的困惑。智媒体概念的提出,是指信息具有感知能力,能够为公众提供多样化、个性化的资讯产品和服务。智媒体立足于共享经济,充分发挥个人的认知盈余,结合最新技术手段包括虚拟现实、人机交互、大数据等方式构建可持续发展的生态环境,实现信息与用户需求的智能匹配。

智能媒体起初是由人工智能和媒体之间的互动所引发的,这是由于人工智能必须依赖于特定行业的实际数据来实现其应用,而近年来,整个传播领域的转型已经基本实现数据驱动的进程。[②]此外,物联网的发展是互联网连接升级的主要动力,还有为这些新技术提供铺垫的云计算、大数据等。[③]传媒领域生态系统的四大核心要素包括用户平台、制作系统、分发平台和信息接收终端,它们之间相互联系,每个环节的变化都会导致更多科技化元素的融入,从而持续推进传媒结构的改革与再造。

---

① 毛玉西."全媒体时代"多维内涵初探[J].新闻战线,2021(16):59-61.
② 郭全中.智媒体的特点及其构建[J].新闻与写作,2016(3):59-62.
③ 金菊爱.新媒体时代若干媒体新概念辨析[J].浙江树人大学学报(人文社会科学),2017(1):81-86.

五、全媒体:范围层面

"全媒体(Omnimedia)"以专有名词形式出现,是在一个叫作 Martha Stewart Living Omnimedia 的家政公司名称中。该机构成立于1999年,拥有包括杂志、书籍、报纸专栏、电视节目、广播节目、网站在内的多种媒体。[①]其目标是利用旗下所有全媒体渠道来推广自家的生活方式和服务产品。

图1.2 全媒体环境

2019年1月,习近平总书记主持十九届中央政治局第十二次集体学习,发表了"加快推动媒体融合发展 构建全媒体传播格局"的重要讲话,[②]第一次明确提出全媒体的概念。目前学界业界对全媒体的概念基本达成共识,全媒体是指媒介信息传播采用文字、声音、影像、动画、网页等多种媒体表现手段,利用广播、电视、音像、电影、出版、报纸、杂志、网站等不同媒介形态,通过融合的广电网络、电信网络以及互联网络进行传播,最终实现用户以电视、电脑、手机等多种终端均可完成信息的融合接收,实现任何人、任何时间、任何地点、从任何终端获得任何想要的信息。

全媒体包括以下几个"全":"全程媒体",一个事件从发生到结束,始终处于传播链条中;"全息媒体",它的表现方式更加丰富多样,如文字、图像、影片、游戏和增强现实等,满足不同用户的需求,信息展示得更为立体;"全员媒体",每个人都可以成为传播者,一部智能手机就可以构建出一个资讯发布平台;"全效媒体",媒体越来越分众化,对目标受众的描绘越发精确,从而让信息传输更加准确且高效。

① 金菊爱.新媒体时代若干媒体新概念辨析[J].浙江树人大学学报(人文社会科学),2017(1):81-86.
② 习近平.加快推动媒体融合发展 构建全媒体传播格局[J].求是,2019:5-7.

第二节　全媒体运营基础认知

一、定义与特点

(一)定义

全媒体运营是指在多个媒体平台上进行整合、协同、互动的运营方式,以实现品牌传播、用户互动、营销转化等目标。随着互联网的普及,越来越多的企业和个人甚至政府开始通过这样的方式进行品牌宣传和形象推广。

(二)特点

全媒体运营主要包括以下特点:

• 多向传播:全媒体运营可以通过多个媒体平台进行信息传播,包括网络媒体、移动媒体、交互设备等,从而提高信息流量和曝光度。

• 多元内容:根据不同媒体平台的特点和用户需求,提供多样化的内容,包括文字、图片、视频、音频等多种形式内容。

• 跨界整合:全媒体运营倡导不同媒体平台的整合,实现信息、资源、用户的互通和交流,增强传播效果。

• 数据驱动:全媒体运营强调数据分析和应用,利用数据来了解用户需求,通过数据分析和监测,不断优化运营策略和内容。

• 用户体验:以用户需求为导向,提供个性化、定制化的服务和内容,通过多元化的内容传播和互动营销,提高品牌知名度、用户参与度和转化率。

• 创新营销:全媒体运营鼓励创新营销方式,如内容营销、社群营销、活动营销等,从而提高品牌影响力和市场竞争力。

二、全媒体运营发展阶段

我国的全媒体发展经历了从"数字化转型发展"到"互联网+深度整合"再到"智能化产业融合"的转变,从时间与内容上大致分为三个阶段。

(一)第一阶段:传统媒体的数字化转型

第一阶段为2005—2013年的数字化转型阶段,侧重数字化技术对媒体传播方式的变革,以及传统媒体经营和组织架构的革新。[①]2005年前后,数字化媒体开始普及,传统媒体开始向全媒体转型探寻。这一阶段主要体现在报业开始利用数字化技术实现信息网络化传播,在传播渠道上实现了内容呈现的多屏化和终端的多元化,并对其本身的组织架构和工作流程进行革新。然而,这一时期的数字化转型实践也因与当时的文化形态、经济形势和观众需求不相匹配而出现失败的情况,如"电子阅读器"过高的成本与彼时的人均消费水平相悖,"手机报"因较为局限的版式内容最终昙花一现。总的来说,第一历程的报业和广电都实现了信息形态和传播渠道的创新,但从经营逻辑、技术迭代和互联网接入程度来看,并没有对原有业态产生颠覆性改变。

(二)第二阶段:"互联网+"思维下的深度整合

第二阶段为2014—2018年的"互联网+"阶段,传统媒体大力开展机制创新,实现从渠道、终端到平台的多领域变革,以及产品形态、内容生产、产业结构的多层次发展。2014年,中央全面深化改革会议通过《关于推动传统媒体和新兴媒体融合发展的指导意见》,指出推动传统媒体和新兴媒体融合发展要强化互联网思维,推动传统媒体和新兴媒体在内容、渠道、平台、经营、管理等方面的深度整合。这标志着媒体融合被提升至国家战略层面,传媒业进入"互联网+"时代,互联网的引入不断打破原有的行业壁垒。这一时期,互联网不再只作为一种数字化的工具和渠道存在,而是一种改变社会资源配置、重构传播逻辑的社会基础设施。"互联网+"时代的逻辑从受众逻辑转向用户逻辑,通过不断满足用户需求,将其吸引到传播链条中并巩固其使用习惯。这一时期的媒体转型彻底突破了对生产端或传播端的单一创新,不再局限于信息技术的浅层接入和渠道的表层多样,而是追求深度融合。资本的结合、用户的参与在本质上改变了信息生产逻辑。

(三)第三阶段:5G时代的智能化产业融合

第三阶段是2019年以来的智能传媒阶段,商业互联网、新兴技术与媒体紧密交织,平台功能迅速生活化扩张,媒体定义颠覆性泛化。2019年,我国正式步入5G

---

① 刘德寰,程馨仪.中国全媒体传播体系发展的三个阶段[J].新传播,2022(6):11-12.

元年。媒体平台技术、数字化传输技术、高新视频技术等传播科技的井喷式发展驱动了媒体的结构性变革，我国全媒体转型从数字化走向智能化，从技术融合走向产业融合。同时，它进一步加速了短视频这一媒介形态在互联网上的扩散，提升其在用户日常生活与信息获取中的比重。5G的出现还促进了物联网产业的发展，无人机、可穿戴设备、传感器等进入新闻采集、接收的渠道中，扩展传播介质和传播空间，呈现万物互联的传播景象。

三、不同维度的表现形式

全媒体运营的表现形式多种多样，本书主要从传播介质、传播终端、传播区域三个维度列举其主要表现形式。

（一）传播介质

从传播介质层面来说，全媒体运营主要有以下四种形式：

• 文字。不论在传统媒体中还是在新媒体中，文字都是最主要的媒体内容表现形式之一，文字的表达力强，通过优质文章能输出独特观点，在传统媒体中多为静态的书面文字，而在全媒体中它成为可以动态显示的文字。

• 图片。图片作为一种直观的表现形式，适合在社交媒体和移动应用中使用，通过图片，我们可以充分表现各类信息，包括人物、场景、活动等。

• 音频。随着播客和语音短信的流行，人们越来越喜欢听有声内容，优秀的音频内容表现可以带来很好的沉浸式体验，并充分满足不同听众的口味需求。

• 视频。视频被广泛应用于社交媒体、短视频、在线课程、直播等多个领域，视频带来强大的视觉冲击力，使内容更加生动、有趣和引人入胜。

（二）传播终端

从传播终端层面上来说，全媒体运营主要有以下五种形式：

• 手机媒体，突破了地理位置及计算机终端约束，接收模式也从静态转向动态，使观众能够自由挑选并发送消息，信息的及时互动或暂时延宕得以自主实现，从而实现了人际传播和大众传播的融合。

• 网络媒体，网络媒体又称为互联网媒体，包括搜索引擎、网络报纸、社交网站、门户网站、网络社区等，网络媒体依赖IT设备开发商们提供的技术和设备来传输、存储和处理音视频信号。

• 交互电视媒体,包括数字电视、IPTV、触摸媒体等,这是近年来新出现的一种新的信息服务形式,它为普通的电视机增加了交互能力,人们可以按照自己的需求获取各种网络服务。

• 户外媒体,区别于传统的广告牌、灯箱、车体等,现在的户外新媒体采用的是如楼宇电视、车载电视、地铁电视、大型 LED 屏等,它们更多依赖新的材质、科技、先进设备的使用,或是与旧有的户外宣传方法相互配合。

• 其他移动媒体,包括各种已出现或将出现的新型传播终端,如可穿戴式媒体、人工智能机器人、智能家居端口等,它们在更广泛的空间中进行信息传播。

(三)传播区域

从传播区域层面上来说,全媒体运营包括两种形式:

• 公域,公域主要是指公共区域,公域的流量属于公共平台,需要按照平台的规则和要求进行营销。

• 私域,私域的流量主要是企业或品牌自有,可以反复利用,随时触达,又能开展个性化运营。

不论是公域流量还是私域流量,从属性上再分类的话,还可以分为线上公域、线上私域;线下公域、线下私域。

第三节　全媒体运营师必备能力

一、全媒体运营师工作职责

2020 年 2 月 25 日,人力资源和社会保障部与国家市场监督管理总局、国家统计局联合向社会发布了智能制造工程技术人员、工业互联网工程技术人员、虚拟现实工程技术人员、连锁经营管理师、供应链管理师、网约配送员、人工智能训练师、电气电子产品环保检测员、全媒体运营师、健康照护师、呼吸治疗师、出生缺陷防控咨询师、康复辅助技术咨询师、无人机装调检修工、铁路综合维修工和装配式建筑施工员共 16 个新职业。

图1.3 新职业——全媒体运营师

其中,对于全媒体运营师的定义为全媒体运营师是综合利用各种媒介技术和渠道,采用数据分析、创意策划等方式,从事对信息进行加工、匹配、分发、传播、反馈等工作的人员。人力资源和社会保障部对全媒体运营师的主要职能给出了具体的阐述:

表1.1 全媒体运营师的主要职责

1	运用网络信息技术和相关工具,对媒介和受众进行数据化分析,指导媒体运营和信息传播的匹配性与精准性。
2	负责对文字、声音、影像、动画、网页等信息内容进行策划和加工,使其成为适用于传播的信息载体。
3	将信息载体向目标受众进行精准分发、传播和营销。
4	采集相关数据,根据实时数据分析、监控情况,精准调整媒体分发的渠道、策略和动作。
5	建立全媒体传播矩阵,构建多维度、立体化的信息出入口,对各端口进行协同运营。

随着全媒体行业的蓬勃发展,全媒体运营从业人员规模也随之快速扩大,整个行业发展态势良好。运营者应尽早制定自己在全媒体行业的职业发展规划,并对应行业对全媒体运营人才的能力要求,不断提升自己。

二、全媒体运营师能力清单

目前,越来越多的企事业单位通过全媒体运营实现品牌口碑传播、业绩增长等运营目标,所以社会对全媒体运营人才的需求也在日益增长。运营者应该与时俱进地洞察企业对运营人才的能力要求,从而有针对性地进行学习和能力提升。在招聘网站上搜索关键词"全媒体运营",通过查看各单位在招聘全媒体运营相关人才时所发布的职位信息发现,虽然每个企业发布的职位信息中对全媒体运营岗位的岗位职责及任职要求的描述有所不同,但是对其中的具体内容进行拆解及提炼后,即可得到能力需求关键词。

(一)内容创作能力

想在各类媒体平台实现获取更多的流量、更高的产品销售转化率等运营目标,必须有优质的内容作为基础,所以内容创作能力是运营者必须具备的能力之一。即使一些团队会配备专业的内容创作人员,但其他运营者在工作中还是会不可避免地遇到一些与内容创作相关的工作,如撰写活动规则、制作海报、创作视频等。所以运营者必须着重提升自己内容创作能力,至少应该具备较强的文字表达能力,可以撰写简单的文案内容,并且能够进行简单的图片设计及视频剪辑,再在此基础上根据具体要求不断进行自我能力提升。

(二)平台运营能力

全媒体运营工作是围绕各类媒体平台开展的,运营者需要熟悉不同平台的运营规则及特点,有针对性地进行内容创作、发布及推广。不同品牌会根据需求在不同媒体平台运营账号,运营者可以重点掌握部分平台的运营方法并积累实战经验,同时对热门的客户端有所了解,掌握绘制用户画像的方法,从而达到针对目标用户进行品牌塑造、流量变现转化的目的。

(三)项目管理能力

项目是指运营者为了实现运营目标,通过各种运营手段进行一项短期或长期的工作任务,如策划一场活动、运营一个社群,这都需要运营者进行项目管理。[①]项目的推进通常需要经过计划、沟通、协作、执行、反馈等步骤,运营者要根据运营目标进行统筹和规划,保证项目的正常推进,并完成既定项目目标。

(四)人际沟通能力

沟通在全媒体运营工作中非常重要。对内,运营团队一般由多个成员组成,运营者需要与多人共同协作完成具体运营工作,有效的沟通才能保障整个团队的工作效率;对外,运营者需要与用户进行及时沟通,包括了解用户需求、收集用户反馈,以及回复用户咨询、安抚用户情绪等工作内容。

---

① 秋叶.新媒体运营 [M].北京:人民邮电出版社,2021:18-20.

(五)热点跟进能力

热点是指比较受广大用户关注或欢迎的新闻及信息。热点事件发生时,能吸引大量的用户关注,发布热点相关内容就有机会获取更多曝光。运营者必须对热点有敏锐的洞察能力,能在众多的热点信息中筛选出可以和品牌及产品建立联系的热点并跟进。

(六)数据分析能力

运营者除了需要对活动数据、内容数据、用户数据等内容进行分析外,还需要对竞争对手数据、目标用户行为数据等进行分析。运营者应具备一定的数据分析能力,能够较好地完成数据记录、查找及分析等相关工作。

(七)用户洞察能力

运营者需要洞察用户的需求,绘制出精准的用户画像,才能围绕用户的需求和痛点开展工作。运营工作中的活动策划、内容策划和产品策划都是以洞察用户需求为开端的,运营者只有充分了解用户的需求,才能让设计出更具吸引力的活动、内容及产品。

(八)创新创意能力

创新思维和创意能力是成为全媒体运营师的重要素质。在竞争激烈的市场环境中,创新和创意能力可以帮助品牌脱颖而出,吸引潜在客户的注意力。全媒体运营师需要善于发现市场机会,提出创新的营销策略和创意内容,以吸引受众的关注和参与。

三、全媒体运营团队搭建

(一)团队职位分布

有全媒体运营需求的用人单位通常会配备多个岗位的从业人员,在发展的不同阶段,运营团队架构可能也会有所区别。运营者从事全媒体运营工作,需要了解团队其他成员的工作内容及职责范围,才能在运营工作中形成良好的配合。一个团队的职位通常如表1.2所示。

表1.2 全媒体运营团队的职位

1	编导	内容定位,前期策划,选题、脚本
2	摄影/灯光	根据具体项目进行拍摄
3	剪辑/美工	根据具体项目进行后期制作
4	主播	负责台前出镜的博主
5	运营	内容发布,熟知各平台运营规则
6	商务	谈合作,对外招商

(二)不同模式架构特征

团队协作模式通常分为模块化架构与小组制架构。模块化架构的特点是按职能分组,编导、摄影、剪辑、红人、运营、商务各一个小组,每组独立,纵向支撑,编导绑定固定红人,一个编导可以绑定多个红人。优势在于每个板块都是专业从业者,分工明确,流程化操作,体系通畅,效率较高;劣势在于会经常涉及团队人员轮换,增加沟通成本,这就要求每个环节的人都有较强的专业水平。

小组制架构的特点是以品类为单位分组,编导、摄影、剪辑、红人一组,运营与商务横向支撑老人带新人,小组裂变快,容易在一个类目组下孵化新的红人。优势在于专门产生该组赛道内容,便于磨合,内容生产快,变现快;劣势在于对红人商业能力要求高,要有养活整个小组的变现能力。

(三)不同阶段架构方式

在不同发展阶段,运营团队的结构可能会有差异,全媒体运营者的具体工作内容也会因此存在差异。

1.初始期

在全媒体运营团队发展的初期,规模一般较小,此阶段运营者需要同时运营多个平台并同时具备多种运营能力。运营人员首先必须对各种媒体平台有深入的认识,这样才能根据每个平台的独特性质来制定相应的运营策略。同时,他们也需要具备独立完成用户管理、内容管理、活动管理以及产品管理中的部分或全部任务的能力。此阶段,一般对运营者运营能力的全面性会有较高的要求,但由于团队架构简单,团队内部的沟通成本较低,运营团队的整体工作效率会比较高,运营团队应该在此阶段尽快使全媒体运营工作取得初步成效,以尽快扩大团队规模。

2.成长期

全媒体团队发展的中期,团队的规模开始扩大,团队中可能会增加不同的岗位。多数处于这一阶段的团队会根据现阶段需求细化不同职能的岗位人员,如文案编辑、美工设计等。此阶段,媒体平台的粉丝数量增多、品牌业绩增长,运营者虽然需要承担的职责有所减少,但同时也需要完成更为深入和专业的全媒体运营工作。

3.成熟期

在全媒体团队发展进入成熟期后,团队已达到较大规模,可能会按照平台或全媒体运营职能将全媒体运营团队划分为多个不同的部门。例如,有的大型互联网企业会根据企业所运营的平台设置抖音运营部、小红书运营部等不同的平台运营部门,或是单独设置活动运营部、内容编辑部等多个职能部门。此阶段,运营者的工作范围变窄,但对运营者的专业度要求较高。例如,就活动运营的工作内容而言,在品牌发展的前两个阶段,运营者可能只需要策划一些中小型的活动,活动的方案策划及落地执行都相对简单。但当品牌发展到成熟期以后,可能经常需要举办大型活动,活动的参与人数、成本投入、未知风险等都会有所增加,此阶段就需要多个运营人员共同完成专业度较高的活动运营工作。

第四节　全媒体运营的核心思维

全媒体运营将新兴媒体平台与传统营销策略相结合,借助线上线下多种渠道有效地传达政府、企业、个人等品牌信息。在运营过程中,各类平台的差异性以及项目的复杂性需要全媒体运营人员及时转变思维方式来应对不同的挑战。

图1.4　全媒体运营思维方式

一、产品思维

对于那些从传统媒体转型到全媒体的人来说,面临的首要问题是他们通常依然会将全媒体内容当作宣传品或作品,这是一种旧有的思维方式。随着受众从传统的读者、听众、观众转化为移动端应用程序的使用者时,这种观点需要发生变化。在生产全媒体内容过程中,必须考虑到诸如用户需求、市场定位、竞品分析、盈利策略、客户互动、品牌形象等问题。例如,当我们创建一个账户时,我们要思考的问题包括:我们的目标受众是什么? 我们在同领域内如何与其他赛道区别开来? 我们的竞争对象有哪些? 我们如何塑造自身的品牌? 我们如何确保高质量内容的持续产出? 等等。

现今的全媒体运营已经不能孤军奋战了,每个项目都处于互联网生态之中,所以必须和用户及平台建立多样的联系。比如运营某单一账号时,需把实体产品、内容产品和服务产品三者紧密结合;若同时运营多个账号,不仅要在市场上精细化区分,还须协调外部关系,获得更多社会资源。此外,产品的进步过程中需要持续更新优化,而全媒体的管理就是这样一个永无止境地迸发创意的过程。当越来越多的产品和服务出现时,内容的经营者所要承担的责任及所需具备的能力也在不断增加。随着行业发展,多元化的需求使得全媒体领域急需更多样化的人才,已不再能够用编辑、策划、网络推广等岗位来定义他们,因此"运营"这一角色便应势而生。

二、用户思维

用户思维是指价值链的各个环节是"以用户为中心"去思考问题的,这要求运营者始终保持对用户立场的关注,找出他们的困扰并予以解决,同时确保他们在被满足需求的过程中不会受到侵犯其个人隐私的情况发生。[①]全媒体环境下的用户特征主要体现为主动性、活跃度、参与度的强化与提升;同时,网络中的用户正在圈子化,即用户以情感、利益、兴趣等具有特定关系的人群聚集。所以,对于全媒体运营者来说,理解用户需求、完善用户体验并提高用户黏度是非常重要的三项考虑因素。理解用户需求是用户关注的前提,完善用户体验是产品使用的前提,提高用户黏度是变现的前提。

---

① 尤宽盈.用互联网思维增强科技传播效果[J].科技传播,2023,15(2):71-73.

在具体的用户运营工作中,运营者需要明确用户运营的对象、目标及手段。首先,明确用户运营的对象。在用户运营工作中,运营者在任何时候都必须清晰地知道目标用户是谁。精细化的用户运营,需要根据不同用户的特点及需求制定有针对性的运营方案,从而实现最佳的运营效果。其次,明确用户运营的目标。制定运营目标可以帮助运营者更清楚地判断接下来要进行的具体工作。运营者需要结合品牌现状,制定合理的、可实现的运营目标,并且运营目标必须是可量化的。例如,在制定用户增长目标时,应该具体到增长的数字,而不能以较多、很多这类模糊的词汇作为衡量标准。最后,明确用户运营的手段。在制定了用户运营的目标以后,就需要通过相应的运营手段去达成目标。运营者应该明确,每一个运营动作可能会带来的结果,运营者往往需要有规划、有节奏地实施多个运营手段,来达成一个运营目标。在这一过程中,要时刻关注两类人:一是屏幕外的人,针对用户的各种个性化、细分化需求,提供各种针对性的产品和服务;二是屏幕内的人,用差异化定位使观众被屏幕内的人所吸引,使观众拥有差异化的用户体验。

三、整合思维

整合思维又称"连接思维"。这种思考方法是将分散的事物以特定的方式相互联系起来,形成一个不仅包括现有模式的部分元素,而且超越了现有模式的新模式,以此来实现信息的资源共享与协作。针对全媒体运营来说,整合思维是一种对传统传媒内容制作过程实施整体性的流程改造,对内容进行重新组织、排序,进而达到"1+1>2"的综合效应的思维方式。

全媒体运营的整合思维包括传统媒体与新媒体相融合、线上线下相融合、不同界别相融合等。其中最主要的是传统媒体与新媒体之间的融合,这意味着运营者需要把单一的内容形态转化为多样化的综合信息传递模式,即在一个主题下实现信息的全面收集并将其多层次地分散发布出去。线上线下相融合,指的是通过线下展览、活动、广告等方式建立品牌形象,让消费者对品牌有初步印象,然后通过线上宣传、社交媒体、电商平台等方式深入推广品牌,加强品牌知名度。将线上和线下的客户数据进行整合,分析用户行为和偏好,实现精细化营销。不同界别相融合,指的是发挥不同界别各自的网络优势、技术优势、管理优势,联合创作、相互引流,如今跨界已成为一种必然趋势,传播行业同样在跨界融合,各种形式、业态的界限越来越模糊,跨界已经成为发展新常态。

四、互动思维

互动思维是一种集体创造性思考法。其主要目的是鼓励一群人共同解决某个特定的难题,集思广益以达到解决方案的目的。此种方法的主要特点在于克服心理障碍,让思想更加开放,突破传统框架,激活创意思维,从而产生新的观点并有效地解决问题。在社交媒体生态中,传播内容要在生产者与用户、用户与用户之间形成一种交流,全媒体时代的内容传播只有知晓、体验、参与、表达才能构建一个完整的信息传播过程。在碎片化阅读的背景下,全媒体信息想要吸引用户眼球并得到广泛传播,增强互动性是一种有效手段。良好的交互性体验使得用户不再是信息的被动接受者,而成为主动参与者,这是全媒体内容生产的一种新思路。

在具体的互动思维落地过程中,主要有以下几种方式:一是通过多媒体交互技术提升内容的可读性、趣味性、交互性,以此丰富用户体验。例如,可以利用语音识别技术和自然语言处理技术来实现自动回复、智能推荐等功能。这样可以让用户更快速地得到反馈和服务,增加用户的满意度和参与度。二是提供优质的用户体验,包括清晰的画面、声音的质量等方面,同时还需要及时回复用户的留言和评论,解决用户的问题和需求。三是鼓励用户互动和分享。在内容发布时,通过设置点赞、评论、转发等按钮,引导用户与视频进行互动。运营者还可以依据粉丝们期望看到的内容类型或者当前热议的话题去规划下期主题,如此一来,能进一步满足粉丝们的需求,同时也能大幅度增加创作人与粉丝间的互动频率。

第二章　不同类型平台规则解析

第一节　短视频平台认知

一、短视频平台概念厘定

(一)定义

短视频也称为短片视频,是利用先进的计算机技术和图像处理技术发展而来的一种新型互联网内容传播形式,一般短视频时长较短。部分学者将短视频定义为:适合用户利用碎片时间、在休闲状态下观看、具有高频推送特征、时长在几秒到5分钟之内、在各种新媒体平台播放的视频形式。随着5G网络的发展以及互联网普及率的提高,这种短平快的传播形式受到众多大型平台、用户和资本的青睐。从短视频内容生产工具来看,信息生产者更多的是采用移动智能手机端进行发布。从短视频信息分解、传递、消费环节来看,终端用户也多采用移动手机端进行参与。从短视频平台来看,大多以App形式提供给移动用户以使用户获取移动短视频信息。

移动互联网及5G移动时代,短视频更多地具有可移动性特征。结合国内外学者的研究成果,本书将移动短视频界定为,采用移动通信和视频制作技术,时长在5分钟以内并具有高频推送特征的,适合用户在碎片化时间,借助移动工具在各类移动端App播放的视频形式。

(二)发展流脉

回顾短视频行业的发展历程,已经经历了蓄势期、转型期和引爆期三个发展阶段,目前进入到了竞争环境稳定、内容质量优良且社交属性提升的成熟期。

图2.1 短视频行业发展历程

1.蓄势期:2011—2015年

移动互联网的初始发展时期,智能手机尚未全面普及,用户观看及分享微视频的行为初步形成。虽然当时已经有部分短视频产品的出现,但是它们主要还是以网络短片或微电影的方式呈现出来。此外,这个期间也涌现出了一些短视频平台,比如,2011年"快手"成立,起初专注于创建GIF图像;2012年"有料"、2013年"小影""腾讯微视""秒拍"等这些平台也相继推出,其中"秒拍"与"微博"达成了战略联盟并将其作为内部软件使用;2014年"美拍""小红唇"等平台陆续亮相;2015年"蛙趣视频""小咖秀"等平台上线。

2.转型期:2016—2017年

这一阶段各类短视频产品开始涌现,以创业、新生公司为主的短视频内容生产及聚合平台遍地开花。例如,2016年"火山小视频""抖音"和"梨视频"平台推出;而后,2017年腾讯重新启动了"微视""360快视频""百度好看"和"西瓜视频"等其他平台也在同一年份上线。这些应用不仅推进了整个短视频市场的转型发展,也开始在年轻用户中迅速流行起来。在这一阶段内,视频压缩技术以及4G网络的普及,促使短视频越来越得到大众认可。

3.引爆期:2018—2019年

由于移动流量资费的降低及内容分发效率提升,短视频用户数量在这一阶段大幅度提升,2018—2019年短视频进入一个高速发展阶段。与此同时,短视频与直播、电子商务等领域紧密结合,逐步确立了自己的商业模式和竞争策略。因此,短视频行业迎来了它的黄金时期,大量资金开始流向这个市场,头部玩家们凭借着强大的资源优势快速收割大量红利并抢占市场份额。但与此同时,优质内容稀缺导致同质化的情况严重,加之政策监管趋严等因素影响下,整个行业的洗牌速度加快,部分中小型公司甚至面临生存危机。

4.成熟期:2020年至今

短视频行业将告别流量红利期,争夺用户使用时长及加强内容变现能力将成为平台发力的重点。短视频行业进入内容精品化、体系商业化、竞争格局相对稳定的成熟期。目前,中国短视频平台的配套产业链较成熟,主要包括上游内容生产端、中游平台发放端以及下游用户群体终端。上游生产内容并通过MCN公司进行包装整合或者直接分发至中游平台,在中游平台端上传视频后,平台将通过基础技术支持设备以及智能算法推荐发送给下游用户终端,形成完整产业链。

二、短视频传播特征

(一)生产及时性

相较普通视频,移动短视频的时长更短,对数据接入的网络要求不高。同时,移动短视频App为用户提供了丰富便捷的视频处理工具,极大地降低了视频发布和处理的技术门槛。同时发布终端的移动特性赋予用户对碎片化时间的充分利用,因而用户在移动短视频生产上几乎可以达到随拍即时可见的效果。

(二)传播高效性

移动短视频更多的是考量信息的价值、密度及同用户自身需求的契合程度。移动短视频内容生产者要在短短5分钟左右的视频中设计众多用户的关注点、吐槽点、复看点、共鸣点等环节,激发用户参与其中的积极性。移动短视频信息生产者和消费者,都可以利用碎片化的时间来参与短视频的制作和传播,传播高效性带来了更多用户群和经济效益。

(三)竖屏创作性

短视频让"竖屏"的视频形态进入了大众的视野,让用户转变了长期观看"横屏"视频的体验和习惯。[①]随着移动技术的更新迭代,包括传统主流媒体在内的中外媒体在新媒体产品和短视频服务领域纷纷采用了竖屏播放模式,除了能满足用户竖式手持手机的生理性习惯之外,更为主要的是对新媒体时代传播移动场景和沉浸式体验的顺应与契合,从而满足移动场景下手机用户的信息消费习惯。

(四)主体复合性

移动短视频的主体集信息生产者、传递者、消费者于一身,复合性极强。移动短视频内容生产者为了吸纳更多用户,需要对用户移动短视频消费行为进行深入

---

① 刘俊,张瑜,崔晓.中视频:概念、基点与媒介规律[J].中国电视,2022(6):68-74.

理解和挖掘,因而需要作为移动短视频消费者大量观看集中领域的普通用户视频,并广泛参与到各个环节中,移动短视频内容生产者也是其他用户的粉丝,会做出转发、评论、点赞等移动短视频普通用户的行为。而普通用户出于安全、社交、自我实现等多层需要,也会转发、评论、点赞移动短视频,同时受到优质移动短视频内容的激发,也会尝试进行移动短视频创作。

(五)生态延展性

移动短视频生态延展性是其富有活力和竞争力的集中体现,主要表现为横向的扩张性和纵向的延续性。从扩张性来看,移动短视频的优势赋予了其强大的生命力和竞争力,庞大的用户群和逐利团体迅速涌入这个新兴行业。从延续性来看,移动短视频生态一旦形成,就具有顽强的生命力和发展惯性,特别是移动短视频文化、用户行为习惯、商业模式的复制等,这些将不自觉地应用到用户移动短视频的生产和消费行为中。

三、短视频爆火原因

(一)移动互联网普及

由于手机普及和移动网络发展,人们可以在任何时间、任何地点通过手机观看并分享视频。5G网络的广泛应用与移动流量资费的降低为短视频的快速传播提供了便利条件。

(二)精确算法推荐

利用大数据与算法实现的智能化分配显著提升了用户对碎片化时间的内容消费效率。通过把用户适配程度、视频受喜爱程度及发布日期作为主要推荐指标的算法推荐系统,在一定程度上优化了用户碎片化的泛娱乐消费体验,有效地协助用户从中挑选出更符合他们需求且令其满足的视频内容。

(三)社交属性强化

在全媒体时代,用户具有强烈的表达诉求,他们不仅是受传者,也是传播者、消费者。短视频在社交媒体平台上的分享性质使其能够迅速传播和扩散。观众可以通过点赞、评论、分享等方式与内容进行互动,增加了用户参与和社交互动的乐趣,能够满足参与者的围观心态和自我表达诉求。

(四)碎片化内容

由于短视频能有效利用零散的时间来满足人们的资讯获取欲望,其表现形式相较于文字和图片等传统媒体更具优势。因此在用户观看成本差异不大的情况下,融合了画面、音乐、情节的短视频,能在更多元的方式上满足用户的资讯获取需要。

(五)商业盈利诉求

短视频在中国传统互联网社交网络平台中是一种形式的延伸,而针对短视频平台,强化社交关系则是为了扩充更多内容消费的场景。这两者都是为了提高用户使用时间和流量黏性,从而获得更大的商业价值。短视频伴随投入的信息流广告、电商带货等盈利投入低,效果显著,一定程度上迎合了商业盈利的需要。

四、短视频平台运营规则

近年来短视频行业政策引导规范化、活跃用户规模发展趋于稳定、内容生态逐渐成熟,腾讯、新浪、百度等大型资本加码短视频赛道,冲击了抖音和快手的头部地位。总之,短视频发展历程彰显了移动互联网技术的不断发展和创新,以及人们消费需求的变化和升级。未来,随着人工智能、虚拟现实等新兴技术的应用,短视频的发展前景将更加广阔。

图2.2　字节跳动旗下的平台

(一)抖音平台

抖音的母公司是字节跳动,成立于2012年,旗下的十余款产品现在已经覆盖了超过150个国家和地区,75个语种,其中拳头产品有今日头条、抖音、飞书、懂车帝、西瓜视频、火山等。

抖音是字节跳动旗下的一款短视频软件,于2016年正式上线,"记录美好生活"是抖音的品牌口号,用户可以利用抖音拍摄并上传自己的短视频作品,自问世以来收获了大批忠实用户,随着版本更新,抖音相继推出了抖音直播、抖音电商购物、抖音小游戏等诸多功能。

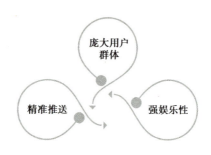

图2.3 抖音的特点

抖音的特点之一是精准推送。抖音使用信息流漏斗算法,其中最重要的特征就是去中心化的推荐机制,将用户根据喜好与海量视频进行匹配,把优质的内容推荐给喜欢的特定人群,帮助用户看到自己喜欢看的内容,也帮助创作者把作品推荐给真正的受众。而要做到这一点,第一步就是要让算法知道每个用户的喜好,收集尽可能多和准确详细的数据。通过这些数据,给每个用户定义标签,识别用户真正喜欢的内容。

抖音的特点之二是具有庞大的用户群体。抖音平台用户群体量大,近几年抖音用户边界不断拓展,使得用户更加丰富多元化,用户活跃度高,使用频次高、黏度强。抖音的月活用户迅速增加,已经成为国内最火爆的短视频App之一。[①]

抖音的特点之三是强娱乐性。其视频内容丰富多彩,包括生活、旅行、运动、游戏、音乐等内容。同时,抖音的道具库也非常齐全,用户可以方便地使用各种魔法道具和创意贴纸,这些道具减少了用户的技术要求,让用户能够更加轻松地制作出精美的短视频作品,从而实现自己的创作目标。

---

① Quest Mobile.2023中国移动互联网半年大报告[R].北京:Quest Mobile.2023,8.

（二）快手平台

快手诞生于2011年3月，最初是一款用来制作、分享GIF图片的手机应用，其前身叫作"GIF快手"。2012年11月，快手转型为短视频社区，成为用户记录、分享生活的平台。不同于抖音的潮流路线，快手将触手伸向基层，充分挖掘群众生活中的文化内容和文化活动，记录最真实的生活片段。

图2.4　快手的特点

快手的特点之一是内容接地气。快手上的很多爆款短视频并没有使用滤镜和特效。快手上的内容之一是关于乡村生活的，关键词是淳朴和真实。快手中的KOL（关键意见领袖）多诞生于基层，生活类短视频占比高，通过精选音乐、滤镜和贴纸等功能，让用户展现自己的个性和生活态度。快手希望给平台营造轻量级、休闲化的氛围，鼓励平台上的所有人表达自我、分享生活。

快手的特点之二是注重社区文化。快手通过宣扬用户之间人人平等的理念，不刻意将大量流量导流给爆款短视频，甚至还会在一定程度上限制爆款短视频的传播。快手并未采用以明星为中心的战略，没有将资源向粉丝较多的用户倾斜，在快手中，所有人都是社区中的一分子，每个人都有展现自己的机会，也有了解自己之外每个人的机会。

快手的特点之三是粉丝黏性高。快手老铁对自己喜欢的KOL，不仅仅愿意点赞，还愿意评论、分享，进行全方位互动。这种特点使得快手用户可以更加深入地了解KOL，与他们建立更紧密的社交关系。同时，快手还拥有浓厚的直播氛围，通过这种方式，快手用户可以更好地享受直播功能，与KOL进行互动，从而增加曝光率和粉丝黏性。

（三）腾讯微视

作为腾讯旗下的短视频制作和共享平台，腾讯微视自2013年以来就在探索并把握着视频行业的发展趋势。当时,它把自己定义为一款极致短小的短视频工具,把拍摄时长限制在了8秒左右。尽管它的起步比抖音和快手要早一些,但因为前期的发展计划不够清晰,产品的定位及盈利模式并未立即获得响应。甚至在初期阶段,由于没有出现任何强有力的产品能证实短视频市场具有巨大的商业潜力和开发空间,短视频产品被认为前途渺茫且收益有限。于是,腾讯在2015年决定暂停了对微视的服务。直到2017年9月,腾讯才再次关注微视这个应用程序,重新制定短视频策略,让它加入短视频竞争的大战之中。

图2.5 腾讯微视的特点

腾讯微视的特点之一是竖屏微短剧发力,这背后是微视日益清晰的差异化打法。"火星计划"是由腾讯微视于2020年底推出的一项举措,其目标是推动优质微型电视剧的发展,特别关注由IP改编的竖屏连续微剧。为了实现这一目标,腾讯在IP开放、资金投入、流量扶持和产品助力这四方面为创作者提供全方位的支持。具体来说,腾讯微视与阅文集团、腾讯动漫等平台合作,共享丰富多样的IP资源,并会定期公开这些信息以供参考。

腾讯微视的特点之二是丰富的创作者激励机制。当前,UGC模式为各大短视频平台提供了众多内容资源,创作者们成为平台与流量的纽带。2023年5月,腾讯微视发布"新星计划",启动大规模创作者招募活动,符合官方要求的创作者入驻后,微视将提供包括现金激励、流量礼包、专属认证等一系列扶持措施。

腾讯微视的特点之三是依托腾讯版图。背靠腾讯系,用户通过QQ号、微信、微博等方式登录,微视结合腾讯内容生态优势和社交加持,全线贯通手机微信QQ两个社交服务平台,社交网络热点配对顺畅社交共享途径。

第二节　中视频平台认知

一、中视频平台概念厘定

当今视频行业正快速扩张,其中"中视频"作为一个过渡性的形态出现于短视频与长视频之间,引发了一场业界内外的广泛讨论。随着各类网络视听平台相继涉足中视频领域,使得中视频的内容长度成为人们关注的热点话题之一,同时对于这个具体定义也争论不断。2020年10月的西瓜视频好奇心大会上明确提出"中视频"概念,定义其时长为1～30分钟的视频内容,中视频不同于传统的以播放影视剧、综艺为主的长视频,也区别于记录生活瞬间、时长通常不超过1分钟的短视频,中视频则是利用自身时长介于两者之间的优势,在节约用户时间成本前提下,提供更多科普类、测评类等实用性知识。这一全新概念是在长视频发展乏力、短视频发展日趋饱和的背景下提出的,而伴随着5G技术快速发展,中视频无疑将成为视频行业的新风口。

根据中国互联网络信息中心发布的第48次《中国互联网络发展状况统计报告》的分类,"按照视频时间的长短,将网络视频节目分为长视频、短视频和中视频。长视频,又称综合视频,主要指网络剧、网络综艺和网络电影等,时长一般在30分钟以上;短视频的时长一般控制在5分钟以内;中视频的时长一般控制在30分钟以内。"

本书对中视频的概念具体界定为:中视频内容时长在5～30分钟,以横屏为主,PGC(专业生产内容)和UGC(用户生产内容)相结合,且前者要多于后者,比短视频更有深度,比长视频更为凝练,并常常具有一定的专业门槛、体现一定的专业水准的视频样态。需要说明的是,从整体上看,中视频并不是一个新的概念和新的样态,无论是早期电视作品还是互联网视频出现后,5～30分钟的视频从未缺席,甚至长期是主力样态。近年来讨论的中视频概念,其实是在平台、运营、资本意义上的讨论更重,而非单纯以视频时长及其内容适配为出发点。

二、中视频传播特征

一旦用户对短视频提供的高效率、快速反应的刺激感到厌倦,并且没有足够时间投入长视频带来的深层次参与体验之中,那么用户的需求就变得复杂起来,受众既希望获得更多信息量,同时也期望能在较短时间内得到更加丰富、深入且具有价值的内容。这种情况下,"中视频"这一形式应运而生,它是对上述问题及需求的一种回应,展示出媒体形态多样化发展的重要性及其不可避免的发展趋势。

(一)主体年轻化与专业化

在现有的资讯传输背景下,1995—2009年出生的一代人已经成为手机网络使用者新贵。他们被统称为"95+00后"群体,是随着互联网一起长大的数字化土著居民,他们的生活方式强调共享、交互及沟通,这正好适应了网络世界的公开性和社群特性。而中视频的发展不仅顺应了整个资讯传递模式的变化趋势,也满足了"95+00后"人群对平等视角和平等对话的传达需求。

相较于短视频所提供的感官享受,中视频则专注于传递知识并普及科学常识。它区别于用户生成内容驱动的短视频创作方式,由于其包含大量信息且持续时间较长,通常要求有专门的制作队伍和精湛的剪辑技巧来确保高质量的内容呈现。因此,中视频的制作难度较大,而UGC和PGC的融合自然成了中视频推广的关键特点。近年来,随着中视频市场的不断演进,主要的视频平台已经开始采取各种策略,包括与年轻一代合作或吸引专业团队加入等方法,积极构建内容生态系统。社交网络特别是视频网站已从早先的短视频爆发式增长阶段转向更加注重优质内容的整合,进入了中视频竞赛领域,以此提升用户黏性和建立稳定的核心网络交互社区。

(二)叙事逻辑化与横屏化

在移动互联的时代里,媒体形式繁多纷呈且不断变化,观众的选择也日益增加,具有价值力和传播力的中视频产品通过提升其视听质量成功克服了短篇幅传播所面临的信息缺陷问题。相对于长视频产品的"沉浸感"与"情景化"观赏体验,以及短视频作品的"零散"与"快速"观影感受,处于二者中间的中视频正好满足中等密度信息的产生及对知识的需求。[①]关于垂直类知识科普、产品测评、社会议题

---

① 刘俊,张瑜,崔晓.中视频:概念、基点与媒介规律[J].中国电视,2022(6):68-74.

深度评论、健康信息传递等内容视频,具备一定的实用性、垂直性和专业性,用户能够以较低的时间成本获得更多有价值的信息。这些视频信息制作过程中所需的是一种逻辑化的叙述方法,这种叙述风格更为适合于横向展示,从而实现深度内容的有效传达。

视频作品的画面呈现分为横屏、竖屏,对观众有着各自不同的吸引力和优势。前者强调了各个信息点间的联系结构、场景布局等方面因素的重要性;而后者的重点在于突出细微之处如角色表现、情感变化等要素。竖屏的视频形式与现实中人与人之间的见面社交情景相似,因此它能在很大程度上缩短我们同受众之间的距离;横屏则更适宜于展现沉浸式的内容。中视频的内容相比短视频有深度和专业性,倾向于呈现具有沉浸式价值的视频内容,所以中视频大都以横屏为主。

(三)内容深度化与垂直化

在高度发达的互联网中,如果我们对它过于依赖,可能会陷入大量繁冗的信息中,这会让人感到无聊、空洞甚至忧虑;同时我们会受到虚拟世界的限制,容易被视觉刺激所迷惑,最终失去辨别真实与虚假的能力。所以,从视频传播内容中获取专业知识并感受到满足成了一种矫正方式,对于相当数量的受众来说是一种较为迫切的新刚需。

现阶段的视频资讯传播趋势是向着垂直性和深入性的方向转变,这与中视频的发展模式相吻合。而中视频制作取得成功的因素在于其结合了UGC和PGC的方式,确保了内容的质量水平。这些以深层次的高品质知识为基础的中视频内容能够带给观众一种成就感。由于中视频的长度允许有足够的时间来传达大量的信息或者知识,因此它能更好地适应这一需求。此外,通过整合UGC和PGC的方法,中视频实现了知识传输过程中的"去中心化",给予各个领域创作者更加垂直且包容的空间,从而推动个体品牌的塑造及成长。

三、中视频平台运营规则

当前,有许多中视频平台可供选择,西瓜视频和哔哩哔哩是国内"中视频"领域较具代表性的两大视频平台。

(一)哔哩哔哩平台

哔哩哔哩于2009年创办,被粉丝亲切称呼为"B站",哔哩哔哩的网站首次于2009年6月启动,其前身是"Mikufans",由国内最初的二次元视频弹幕网Ac Fun的粉丝徐逸所创建,它起初是一个模仿Ac Fun基于动画、漫画、游戏或称之为ACG(Anime、Comic、Game)内容为主题的弹幕网站。"Miku"是全球首个采用立体影像展示技术的虚构歌手形象,Mikufans如字面上的意思一样,就是初音未来的粉丝。无论是Ac Fun还是Mikufans,其诞生都源于一种在二次元爱好者中新兴的视频互动形式——弹幕视频。自2010年1月1日起,"Mikufans"便改名为"Bilibili",这使得它成为中国最大的在线视频播放器之一。2011年,时任猎豹移动的联合创始人陈睿作为天使投资人投资并加入哔哩哔哩,从此哔哩哔哩从一个纯爱好者组建的平台开始逐渐向专业的视频网站转变。

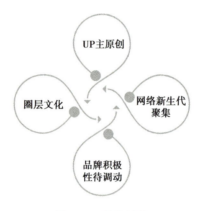

图2.6 B站的特点

B站的特点之一是圈层文化价值取向。初创时这是一个主要以动画、电影和电子游戏为主要内容的社群,后来逐渐演变成了全面覆盖线上线下文娱领域的平台,涵盖了各种不同的内容类型和媒体形态。如今,B站已成为中国年轻一代多元文化和兴趣的聚集地。B站的用户聚集得益于1995—2009年出生的一代人对细分文化的强烈需求,在这种用户驱动下,B站已经在中国成了众多网络流行文化的起源地。除了动画、游戏以外,B站还涵盖了音乐、科技、生活、时尚等分区,用户因兴趣而形成一个个圈子。但值得一提的是,尽管B站目前涵盖了多个领域,动画、动漫、游戏依然是三类不可忽视的赛道,B站通过从国外购买了大量影视作品的版权,拥有国内众多动画、影视等相关资源。

B站的特点之二是UP主原创优质内容。B站的用户群体以年轻人为主,年轻人的创造力在B站能得到充分发挥,这也是B站能焕发无限生机的重要因素。UP主是B站视频创作者的统称,现在许多直播和短视频平台非常容易进入,而在B站中,用户因共同的文化价值取向而凝聚,这使得许多UP主创作的内容是经过思索和信息加工的,UP主需要通过主题策划、撰写文案、录制游戏画面、后期配音剪辑等工作过程,信息加工过程比直播和短视频要复杂许多。

B站的特点之三是网络新生代聚集地。B站的主要用户为1995—2009年出生的一代人,其中大部分是高中生或大学生,他们是在互联网上成长起来的一代。此外,他们的集中区域主要是一二线城市,具有较高的消费能力,这使得B站的消费者更倾向于观看高质量且富有创新性的内容广告。从用户的行为角度来看,他们对与自身审美及价值观不符合的信息有着强烈的排斥感。

B站的特点之四是品牌积极性有待调动。目前,B站上的品牌数量并不多,而且这些品牌账号的粉丝人数大部分都在50万以下,整个品牌的积极性和用户群体并未被激发出来。虽然部分品牌实现了不错的涨粉数据和播放数据,但多数内容均与品牌本身无关。尽管一些品牌会在评论区发布产品链接,但观看完视频后点击广告的人数却非常少。除了视频内容之外,很难让用户对品牌有深度理解。

(二)西瓜视频平台

与B站不同的是,西瓜视频的内容从一开始就比较多元丰富。在初始期,西瓜视频是一个PGC短视频平台,2016年5月西瓜视频的前身头条视频正式进军短视频内容生产领域,当时依托强大的算法推荐,想把平台发展成为一个以个性化推荐为主的短视频平台,依托于已经发展成熟的今日头条和短视频行业爆发的机会,头条视频在起步阶段吃了时代红利,发展比较迅速,创作者补贴活动吸引了很多站外优质创作者入驻头条视频,站内优质视频内容占比不断提升。在成长期,头条视频成为PUGC的视频平台。随着视频行业的发展以及用户更加精细化地区分,这一阶段头条视频给自己的定位是专业生产内容和用户生产内容结合的平台。2017年6月8日,正式改名为西瓜视频,并且更换了品牌LOGO,在这个阶段,西瓜视频的内容目标是"给你新鲜好看"。在转变期,西瓜视频成为以中视频为主的PUGC综合视频平台。2018年,为了发挥自身优势走出和短视频内容平台不一样的道路,西瓜视频重点布局中视频,当时短视频行业时长规模已经趋于饱和,在这样的市场规模下,很难有平台再做出更好的成绩,西瓜视频代表了更丰富的信息量和更加具象化的视频场景以及粉丝忠诚度更高的内容依赖。

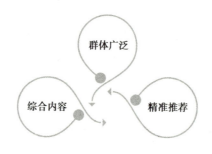

图2.7　西瓜视频的特点

西瓜视频的特点之一是综合性的视频内容。2020年9月,以PUGC为生产模式探索两年的西瓜视频更换了新的口号:"点亮对生活的好奇心",从"新鲜"到"好奇心"可以看出,西瓜视频对平台内容属性和价值定位有了新的理解和方向。"给你新鲜好看"更多的是以用户思维考虑问题,更多地照顾用户视角,"点亮对生活的好奇心"把创作者也纳入考虑目标,确定了好奇心是内容生产和传播的内在控制因素。西瓜视频平台拥有大量科幻、悬疑、科普类的优质创作视频,同样拥有大量有版权的优质电影,除此之外,越来越多的用户愿意去为知识付费,用户需要会员才可以观看特定的视频。

西瓜视频的特点之二是用户群体广泛且年龄偏大。作为国内比较大的中视频平台,其使用人数多、覆盖范围广。从西瓜视频整体用户分布来看,西瓜视频的男性用户居多;在年龄结构层面,25～35岁的人群占比较大;在城市级别层面,市场下沉特征明显。相对于B站的年轻人群来说,这里的用户更喜欢看娱乐类、财经类、军事类、生活类等内容,如果你要在平台上发布关于学习类、动漫类的内容,不一定会得到很高的播放量。

西瓜视频的特点之三是精准算法推荐。背靠字节跳动公司的强算法,实现了针对不同用户需求的"千人千面"精准触达,推送用户喜欢的内容,提供多领域精品内容。西瓜视频有机会快速爆粉,即使只有几百个粉丝,也能实现几万甚至几十万的播放量。但B站则需要一个长期积累的过程,需要不断投入,经过很长时间后才会成为大UP主。因此西瓜视频的门槛较低,适合短期盈利,小白入门就有收益。

第三节　虚拟社区平台认知

一、虚拟社区平台概念厘定

"社区"一词的提出可以追溯到19世纪80年代,德国著名社会学家斐迪南·滕尼斯在其成名作《共同体与社会》一文就有了关于社区的论述,他提出社区是按照地理区域进行划分的社会生活共同体。[①]我国社区在20世纪50年代就开始形成,但是当时社区的概念是建立在大院的供应体系之上的,因此相对而言供求关系比较局限。随着人类物质生活的不断提高,人们在购买商品时,包括便捷性、及时性还有产品质量等在内都成为评判标准,一方面要吸引用户的关注,同时也要培养用户的消费习惯,因此社区营销的方式变化在新时代有了更多的要求。

进入21世纪,互联网快速发展给了以兴趣爱好为核心的社区更好的发展机遇,随着非地域性社会网络的逐步形成,社区的概念有了更多内涵和外延。虚拟社区是互联网背景下的特定产物,其核心是依靠互联网作为沟通交流的媒介,把具有共同兴趣的访问者组织到一个虚拟空间,也就是常说的……从而达到成员相互沟通的目的。虚拟社区的基础是网络社区,因此……可以根据兴趣爱好、目标需求进行划分,虚拟社区营销的目的也就……成员提供产品或服务。依靠网络的传播性和成员内部的高可信度……也是产品的销售平台,同时也是产品的宣传平台。

二、虚拟社区传播特征

(一)虚拟性

虚拟社区区别于以往社区的最大特点就是它的虚拟性,它是虚拟性和社会性的结合。同一虚拟社区的人们可能从未谋面,通过网络彼此交流、沟通、分享信息与知识,形成了个人社区关系网络,最终形成了共同的社区意识和社区文化。他们彼此有某种程度的认识、分享某种程度的知识和信息、在很大程度上如同对待朋友

[①]　孙九霞,苏静.旅游影响下传统社区空间变迁的理论探讨:基于空间生产理论的反思[J].旅游学刊.2014,29(5):78-86.

般彼此关怀,从而所形成的团体。

(二)共同价值需求

社区是联系密切、和谐相处的一类人群建立起来的组合,体现出人的选择意志和人情味。社区的基础是人,同一个社区一般都拥有共同的利益、需求,因此社区关系才能够维持相对稳定。一般来说社区的内部成员有着极其相似的价值观、兴趣爱好或者相同的目标需求,他们遵守相同的网络规则,通过社区平台向其他社区成员分享文字、图片、数据等信息或其他综合性活动,实现与其他成员之间的互动与交流。

(三)社区类别广泛

计算机网络技术快速、高效的发展,为虚拟社区潜能的发挥提供了很大的空间,社区之间的联系会更加便捷、紧密,社区的力量也更容易爆发出来,而且比任何时候都变得更加灵敏,能够对非常细小的事件做出极为快速而且高度一致的反应。目前从我国应用商店中软件分类看,社区平台大致可以划分为综合类社区、游戏社区、女性社区、学习社区、动漫社区、问答社区等,具体客户端有如微博、百度贴吧、知乎、豆瓣、网易云音乐、绿洲、小红书等。

三、虚拟社区平台运营规则

国内最早的虚拟社区,是二十世纪七八十年代出生的人更为熟悉的 BBS (Bulletin Board System),很多时候它都与论坛通用。BBS 又称"电子公告板",每个人都可以在公告板上发布信息,信息传播"多对多",网友可以浏览帖子,也可以跟帖讨论,人与人的交流打破空间与时间的限制。刚进入 21 世纪前后是 BBS 的黄金时代,天涯社区、西祠胡同、猫扑等论坛影响力很大,是以电脑、笔记本为主要上网媒介的网络时代的话题中心。随着移动互联网时代的到来,PC 时代的论坛萧条了,另一类虚拟社区崛起了。

(一)小红书平台

成立于 2013 年的小红书已经发展为年轻人的重要生活方式交流平台及购物决定来源,它具备创造潮流和热门话题的力量。在这个平台上,用户可以以视频或图片的形式记录日常琐事并将其发布至社区供其他人浏览和参与讨论。该社区涵盖了各种主题如时尚、美容护理、化妆技巧、餐饮选择、旅游经历、电影推荐、阅读体验以及锻炼计划等等。除此之外,小红书中的用户还可以根据自己的购物需求在小红书商城中购买商品。因此,小红书是综合"社区+商城"两种属性于一体的生活分享平台。

图2.8 小红书的特点

小红书的特性之一是用户需求圈层化。用户倾向于彰显个性和自主表达,在各种环境中展现独特的喜好与行为模式,他们的需求变得更为精确且细致。对于购物选择,新的消费人群正迅速从实用型消费转向情感及价值观导向的消费方式,这推动了小红书平台的迅猛发展,并且其发展路径越发符合消费者的需求。核心用户群体可以总结为以下几类:

表2.1 小红书用户的特点

序号	人群类型	兴趣点
1	互联网深度使用者	兴趣社交、追逐潮流、网络游戏、学习打卡
2	都市潮人	时尚、自身形象、独立精神、有观点
3	精致妈妈	生活品质、注重形象、高端消费
4	新锐白领	经济独立、热爱工作、积极活泼
5	乐享一族	娱乐至上、兴趣消费、追求体验

小红书的特点之二是小众话题关注点。小红书的焦点话题从高到低依次为:彩妆、护肤、穿搭、美食、母婴、家居、宠物、减肥健身等。关于彩妆,偏爱大牌,也支持新锐与高性价比国货;关于护肤,更愿意为有品质保障的高价护肤产品买单;关于穿搭,不被定义,尊重穿衣自由,偏爱快时尚与运动品牌;关于美食,新式茶饮风靡,咖啡、速食产品受到热捧;关于母婴,"云养娃"流行,精细化喂养成为关键词;关于家居,注重细节,年轻人全方位提升生活品质,追求生活幸福感;关于宠物,小猫咪霸榜,治愈人心;关于减肥健身,追求健康减肥。

小红书的特点之三是通过种草占领消费者心智。网络热门词汇"种草"的原意是播种草种或者种植草这类植物的幼苗,后来被引申为专门推荐优质商品以吸引购买者的行为。换句话说,种草是一种"去中心化口碑"营销,小红书App依托于用户发布的真实"消费笔记"进行"种草",从而达到营销目的。顾客们通过网络平台分享他们的购物心得和体验记录,以此向其他人传播他们对于产品的理解与认知,这使得那些初次接触或者对产品知识一无所知的消费者能够获得更具实用性和可靠性的选购指南,最终实现口碑推广的效果。此外,小红书为了能达成商业闭环,在测评内容页面下方加入商品购买链接,以便用户在阅读笔记之后直接购买。[1]现今的购买者已经超越单纯的价格对比阶段,他们更倾向于根据商品质量来作出决定,而不是仅被外观所吸引。这种趋势使得小红书从传统的电子商务模式中跳出,转而采用口碑推广的方式,以此构建信任基础并达到利润最大化的目标。

(二)知乎平台

知乎于2011年1月26日上线,"知乎"一词取自文言文,本意是"你知道吗"。知乎以问答社区为起点,深耕泛知识类精品长图文。"知乎,可信赖的问答社区,让每个人获得高效可信赖的解答为使命"是知乎上线以来对外宣传的产品定位广告语。成立之初,知乎实行严格的邀请制度。新用户只有在收到知乎已注册用户的邀请码后才能注册。在此机制下,知乎初始用户的内容生产质量得到了充分保证,各行各业的权威人士和成功人士受邀而来,进行优质内容交流及分享,为打造高端化网络问答平台打好地基。当时,能有幸被邀请为知乎用户是许多业界人士的高光时刻。知乎用户通常会看到结合了诸如图片、表格以及视频等多媒体元素的答案。其中大多数内容清晰全面,甚至可与高级学术论文相媲美,此类答案被用户称为"长答案"。而"长答案"在知乎优质用户的主页中经常被发表,逐渐成为知乎内容生产的门面担当。

但到了网络媒介如雨后春笋般涌现的今日,全媒体时代下催生受众注意力分散。除此之外,网民群体也正在更新血液,以往学术性的用户不再在知乎用户量中占大比重。随着网民信息需求的逐步提升,对娱乐精神和猎奇感、趣味性的追求,知乎在巩固原有用户量的基础上,为赚取更多的用户注意力及注册量,知乎的准入门槛不再是严格的"邀请制",而是高度、完全开放的准入制。人人能提问,人人能回答。提问和回答的质量开始多元化,同时也有了质量下滑的趋势。

---

① 李文艳,张桓森.社交电商"小红书"发展现状分析[J].营销界,2020(20):32-34.

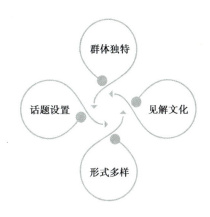

图2.9　知乎的特点

　　知乎的特点之一是话题设置机制。知乎作为一个问答平台,在话题生成机制设置上,具有高度开放性。首先,无门槛注册制就决定了用户群体的多样性。用户群体越多样,话题越丰富。用户话题设置不以任何条件为转移,灵活度高。从某种程度上来说,知乎将话题发起权以及内容编辑权很大限度交给用户,用户仅仅只需要根据自身动机去进行内容生产。知乎平台用户根据自身不同需要进行话题设置,给予知乎话题类型更多可能。除此之外,用户在回答问题时有多种回答模式的选择权,如匿名回答、实名回答、分割线式更新回答、删帖等方式,都能在回答时供用户考虑使用。

　　知乎的特点之二是用户群体独特。知乎用户中男女比例趋于平衡,从年龄分布可以发现大多数知乎用户都处于20～40岁的年龄段,从"80后"覆盖到整个"90后""00后";知乎用户学历大多数都达到了大学本科;知乎用户大多生活在一二线城市,他们一般具备较高的学历背景和专业技能,对知识和信息的获取渴求度较高,同时也有一定的时间和资源去花费在自我提升和知识分享上。主要有下表所示群体。

表2.2　知乎用户的特点

序号	人群类型	兴趣点
1	学生群体	专业考证、学习建议、兼职赚钱等
2	职场新人	职场潜规则、职场禁忌、面试妙招等
3	好奇群体	高科技、外太空、年入百万等
4	文艺群体	文学作品、影视作品、绘画作品等
5	行业杰出	专业知识、人生简介、有偿分享等

知乎的特点之三是独特见解文化。对于这样一群高品质的用户,知乎的运营方案主要聚焦于提高用户满意度和忠诚度,以既有用户为中心打造更加专业、深度、有价值的社区体验。具体做法包括:定期邀请领域专家和知名人士回答问题,增加用户的学术和思想深度;推出知乎LIVE功能,让用户通过在线直播了解专业领域的前沿动向,为用户提供线上学习的机会;强化社区氛围,推出知乎ZINE栏目,邀请社区用户分享自己的故事和想法,促进用户间的交互和碰撞。知乎不断推出高质量的内容,如知乎大学、专栏和圆桌等,这不仅满足了用户多元化的需求,也满足了他们建立声望的需求。

知乎的特点之四是形式多样。知乎六种内容形式包括提问、回答、文章、圆桌、专题、视频。除视频外,从回答到专题这四个选项信息浓度和信息体量会依次增加。结合整个知乎达人的情况可以分成四类:第一个是特邀,可理解成深度定制。第二个是复用,就是内容租用,因知乎站内接近30%的内容是有商业属性的,如果这个人讲的东西或者理念适配,即可租用这篇内容。第三个是招募,招募本身是面向知乎所有创作者,比较适合短期大量去做一些内容铺垫。第四个是自选,即内容里设置好链接,可以通过搜索关键词寻找。

第四节　聚合类资讯平台认知

一、聚合类资讯平台概念厘定

"聚合"作为汉语词汇的意思是"将分散的东西聚集到一起",聚合资讯平台又称为聚合类新闻平台或新闻聚合客户端。聚合类资讯平台是指利用其他网站的公开接口,采用技术手段对互联网上的各种功能渠道的新闻内容资源进行抓取,并以特定的方式进行整合,提供给用户个性化资讯的客户端。聚合资讯平台并非由传统媒体机构所创立,大部分都是源于起步的互联网企业,通常没有新闻源,只是一个利用技术手段进行汇总、发布和推送其他媒体资讯,采用即时抓取、自动收集、自由排版的方式,实时进行信息更新的一个资讯分发平台。在本书,笔者将聚合类资讯平台定义为,互联网公司依靠技术汇聚众多媒体平台信息资源,利用算法依据用户行为特征,为用户提供文字、图片、视频等娱乐资讯的移动端应用程序。以计算机算法抓取网络上的娱乐资讯信息,将信息收集、整理、分类、总结、推荐分发的一系列商业活动的过程。

从上述定义中,可以总结出聚合类资讯平台的几个特点:首先,聚合类资讯平台通常不生产新闻,只是对新闻信息的聚合;其次,聚合类资讯平台的主要运作模式是大数据挖掘技术,通过对用户数据的分析实现信息推送,通过描绘用户图谱制定每位用户量身定制的信息;最后,聚合类资讯平台不仅仅是对信息的照搬,而是对原始信息进行加工和包装。

二、聚合类资讯平台类型

基于聚合类资讯平台内容推荐方式不同,聚合类资讯平台可以分为两类:一类是依靠机器完成个性化推荐的聚合类资讯平台,另一类是依靠人工把关完成推荐的聚合类资讯平台。

第一类依靠技术完成个性化推荐的聚合类资讯平台是目前市场上最常见的。比如"今日头条""百度新闻"。他们皆依靠大数据,汇聚众多媒体平台的新闻资讯,将聚合后的资讯进行智能化分类整理,然后整理分析平台内部用户的阅读习惯,根据用户的不同习惯,利用个性化推荐技术,分发给用户,保证用户阅读到自己喜欢的内容。这种聚合类资讯平台的出现是技术发展的结果,它的推荐方式用机器代替人工,大大减少人力成本和工作量,实现了平台智能化进步。

第二类依靠人工把关完成推荐的聚合类资讯平台相对要少。通过人工分析用户行为和汇集在一起的内容资讯,在归纳筛选后,选择用户感兴趣的进行推荐。这种聚合类资讯平台需要大量的劳动资本,虽然人工把关的内容质量相对较高,但是工作量极大,工程烦琐,不适应信息更迭速度如此之快的当下,发展势头远不及依靠技术实现个性化分发的聚合类资讯平台。

因此,在新闻客户端的使用过程中,用户获取信息的途径有两种,即主动获取和被动获取。"主动获取"是一种主动的行为,指的是在获取信息之前,用户已经有了明确的信息需求和获取思路,对于要为即将获取的信息所付出的成本也有一定的心理预期;"被动获取"则是一种被动的行为,即程序通过推荐的方式将信息呈现给用户,用户根据自己的需要进行选择和浏览。当今的聚合类新闻客户端主打个性化阅读,即根据用户画像、行为习惯和浏览经历为其定制内容,为不同的用户显示不同新闻,最大限度地满足用户的个性化阅读需求。

三、聚合类资讯平台运营规则

从2010年RSS新闻阅读器"ZAKER"问世至今,聚合类资讯平台在我国新闻资讯行业已经走过了十个年头,在这十年间,不论是在市场占有率,还是在信息数量方面,聚合类新闻客户端都取得了飞速的发展。在2023年中国手机新闻客户端的月均活跃度排行榜中,今日头条、UC头条和一点资讯等均位居前列。聚合类新闻客户端凭借其海量信息和个性化推送的优势,已经对传统类新闻客户端构成了强劲威胁。

(一)今日头条平台

2012年3月,北京字节跳动科技有限公司宣布创建一款新闻资讯类客户端——今日头条。2012年8月,今日头条正式上线,发布第一个版本。北京字节跳动科技有限公司将今日头条定位为一款基于数据挖掘的推荐引擎产品,主张通过今日头条为用户推荐用户所关心的、需要的各种类型的内容,为用户提供一条连接信息的高效便捷通道,并据此提出口号:你关心的,才是头条!

图2.10　今日头条的特点

作为聚合类新闻客户端的今日头条,具备了三个方面的特点。

一是今日头条独具特色的个性化智能算法推荐功能,该功能以大数据技术为基础,通过大数据技术对目标受众进行标签化处理,在尊重用户个性化需求的基础上,根据标签内容对目标受众进行精准化的推荐,实现了目标受众接收内容的差异化。

二是今日头条客户端内容多元化。今日头条客户端上针对用户推荐的内容不局限于狭义上的新闻,还包括影视、音乐、游戏等各个方面的资讯内容。题材广泛,不仅涉及图片、文章,还包括短视频、直播。丰富的内容,能够最大化地满足不同用户多方面的需求。

三是今日头条所具有的社交属性。在今日头条的微头条中,用户可以对自己感兴趣的内容进行订阅、评论和转发,甚至可以对自己感兴趣的人进行关注,查看最新动态。在微头条这个巨大的社交广场中,拥有同样兴趣和标签的人能够尽情沟通,从而寻找到志同道合的人,形成一个全新的社群。

(二)UC头条平台

作为中国早期浏览器的代表之一,UC浏览器成立于2004年,一直保持着领导地位。尽管如此,它还是无法避免被收购的结果,于2014年纳入了阿里巴巴集团,形成了阿里UC移动业务部门,成为阿里巴巴移动互联网的重要门户。随着移动浏览器的需求逐渐减退而内容需求不断增长,UC浏览器近年来进行了多次改革尝试。2016年,UC浏览器完成了其身份由浏览器到UC的转换,这次变革并非仅是"去除浏览器"那么简单,更是一次对"基于数据的大型信息传媒平台"的全方位提升,同时发布了以数据驱动为主导的信息服务软件——UC头条。这种从"网页入口"转变成"新闻客户端"的变化,是对市场竞争的一种积极回应。

图2.11　UC头条的特点

UC头条的第一个显著特性就是基于阿里的海量数据来实现对用户个体的精确匹配,从而提供涵盖新闻、日常服务、消费及娱乐于一体的深度互动内容分享体验。借助与阿里集团的关系,UC头条除了可以利用一般信息流产品的访问喜好数据外,还能够从旗下的神马搜索和PP助手获取搜索引擎的使用情况和移动端软件的数据;此外,它还可以通过阿里系电子商务和高德地图、优酷视频等多方面的数据资源,进一步提升自身的大数据能力。

第二个特性在于其内容的关联性。它可以使阿里数字经济体的创造者们获取多种收入来源,在"双十一"活动期间,UC授予了优秀的原创者一种特殊的权利——大鱼任务。一旦开启这项权限,他们可以直接接触到成千上万的潜在顾客并满足他们的各种推广需求。主要有两种类型:一是资讯带货,这是一种结合实际经验的销售方式,同时也包含着产品的介绍和售卖;二是商品导购,这种类型的写作主要是为产品销售而服务,其中大部分的内容都是关于价格优惠、红包发放或优秀物品的推荐等。当读者阅读这篇文章并对所提及的商品产生兴趣时,可以通过其中的链接来完成购物行为,原创者的报酬也会随之而来,可以同时赚取包括创作费、流量套餐分配费用以及商品推广佣金的三项回报。

第三个特性是UC轻店铺的推出,提供了商业助力以确保内容消费者体验提升。在这个传统的门户时期,内容创造者并不能拥有他们的"内容商店",但UC头条成功地实现了这一点,向这些内容创造者提供了一个包括店面管理、经营、选择产品和物流等各个方面的"一站式"服务,协助他们完成标准化的商务活动。借助轻店铺的功能,内容创造者能够自动挑选产品并在轻店铺内发布,而不需要预先准备库存,只要商家的货物到达就可以销售了。一旦获得了专有的轻店铺权利,内容创造者不仅可以从内容创作收入中获益,而且根据售出产品的数量还可能得到额外收入,这使得高质量的内容盈利途径变得更为顺畅。

(三)一点资讯平台

一点资讯凭借其兴趣引擎,综合了个性化推荐和融合搜索技术,使用户能够发现、甄别、表达、管理和获取对他们真正有价值的内容。一点资讯这个媒体生态系统中,个人或团体撰写优秀文章并利用智能化技术将其推送至特定的受众群体,同时所有的收入都归属于这些创作者,并且他们还会获得每月固定金额的支持作为奖励来鼓励他们的创作热情,从而形成一种互惠共享的市场环境。

图2.12　一点资讯的特点

一点资讯的特征之一是"人工+算法"精准推送高质量内容。一点资讯包括了由机器和人工共同完成的多轮审查步骤,并利用业界先进的技术手段实现优质文章向目标受众的最优传递。长期以来,许多应用程序都存在着大量庸俗且缺乏实质性内容的文本问题,这种以吸引注意力为中心的行为已经成为一种普遍现象。然而,一点资讯希望打破目前"新闻资讯越看越低俗"的现象,采用人工的协作配合加上计算机技术的运用方法使读者能够接触到的都是具有实际含金量的文字资料。打开一点资讯的客户端,开屏页上即可看到"品质内容,价值阅读"的策略宣传语,在一点资讯运营时,价值阅读便作为运营策略贯穿在新闻内容运营的全过程。在价值阅读策略的指导下,一点资讯不仅专注于信息的深度挖掘,还强调其通道的影响力。一点资讯以深入理解新闻内容为基础,努力实现全网门户的目标,并形成了更具开放性和分享性的生态环境战略布局。

一点资讯的特征之二是打造信息汇总模块,汇集重要信息。传播技术的发展加重了人们的时空紧张感:一方面,人们日常接触到并受其影响的信息范围扩大,信息量也实现了扩充;另一方面,社会节奏的加快促使被传播的事件加速更新,完整的时间被碎片化,新信息不断挤占原有的信息空间。但是,对于那些追求快节奏生活的人来说,他们希望能在忙碌的生活中尽可能多地获取重要的信息,这仍然是一个急需改进的问题。因此,为了解决这一问题,一点资讯通过时间的角度创建了一个名为"7×24小时新闻直播间"的功能模块。这个功能模块全天候实时更新,旨在整理当天发生的所有重要新闻。此外,面对新闻及时性和完整性的冲突,一点资讯还专门设立了主题专栏来处理这些热门话题,以期能够增强新闻内容的全面性和影响力。

一点资讯的特征之三是对自媒体实施严密监管,确保其信息的品质。一点资讯作为一个新闻集合器,意识到仅依赖传统媒体提供的内容无法充分满足客户的多层次及个性的需求。一点资讯积极吸引政府部门、公司组织和个人博客等各类自媒体加入"一点号",旨在全方位地为用户供应他们所需的信息。进入"一点号"的过程有着严谨的审核流程,要求自媒体明确自己的角色定位。一点资讯已经建立了一套完善且严格的管理体系,努力让用户和自媒体都能从中获益:一方面,用户能够获取最优质的信息;另一方面,自媒体的文章也能得到展示,从而体现他们的价值。

第五节　音频平台认知

一、音频平台概念厘定

　　随着互联网技术的发展以及智能手机、智能音箱、车载系统等各项终端的更新迭代,市场上涌现出各式各样的声音产品。用户对于音频终端和产品有了更多的选择,音频的价值越发彰显。有声读物、知识付费、直播等新兴业务模式促使"耳朵经济"加速驶入发展快车道,形成全域服务生态。近年来,在线音频快速发展,用户规模和市场规模均呈现逐年递增的势态,这也说明无论从政策的重视程度还是现有市场体量来看,音频用户将都是规模庞大的群体。

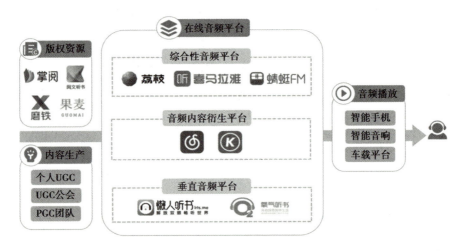

图2.13　音频内容服务生态

　　音频最大的优势就是可以解放用户双手和眼睛,满足了用户因忙碌而无法观看视频和阅读纸质书的需求。目前,有近百个大型和小型的有声书平台供用户选择,包括云听、喜马拉雅、猫耳、荔枝FM、微信听书、懒人听书、企鹅FM、掌阅等。在常见的音频产品中,用户最常收听的是在线音乐,这与音乐作为声音艺术的属性有关,同时也受时下音乐综艺节目热播的影响,平台中轻松愉悦的氛围使得用户黏性高。位居第二位的是综合性音频平台,其原因一是内容丰富,类别广泛,具有居家、出行、亲子、休闲等全场景覆盖特点;二是快节奏的生活使一部分人无法用大量的时间细细阅读和浏览书籍,而有声书和广播剧自然就成为他们的最佳选择之一,使其成为热门音频产品。此外,知识付费类的平台,如得到、樊登读书,也更加丰富了听众的收听内容。

二、音频平台发展脉络

(一)萌芽期:2003—2011 年

　　光盘和磁带是音频最早的媒体载体,文艺类图书、教材教辅、儿童读物配套发行曾红极一时,但今天已几乎退出市场。随着媒介技术的进步,现在受众用户的主要媒介载体更多的是个人电脑终端和移动终端。在 2011 年以前,有声读物的传播主要依靠的是 PC 端听书网站。这个时期涌现了很多国内听书类网站,有声读物从磁带、光盘向互联网转变,此阶段以有声读物网络化为主要特征。有声读物的内容价值逐渐开始凸显。听书网站的出现对于听众用户来说,意味着能够利用互联网将有声读物内容下载到播放设备,如当时的 MP3、MP4 等,从而可以走起来、随时随地"听阅读"。智能手机在国内普及之前,MP3、MP4 播放器因其轻便小巧的设计,并且可以有选择性地下载自己喜欢的有声读物音频内容,很受市场的欢迎。与此同时,听众用户也可以选择听书网站在线播放收听有声读物节目内容,也节省了较早使用的磁带、光盘、CD 物理空间。而有声读物出版商在听书网站的出现和随声播放器的普及的影响下,也降低了生产成本与库存量。有声读物出版商可以根据听书网站的点击量与收听比率、订阅数、节目成交量、听众评论等数据,分析出终端市场的节目需求趋势,选择推出符合广大听众喜好的有声读物产品。比较典型的听书网站有听书网、静雅思听、天方听书网、一路听天下等。

图2.14　有声读物

(二)发展期:2011—2014 年

　　随着国内移动互联网技术飞速发展,为音频进一步发展提供了有力的技术支撑和设备支持,一系列移动终端如智能手机、播放平台和穿戴设备等纷纷进入人们的生活。2009 年 1 月 7 日起,中国正式进入 3G 时代,3G 网络技术能够实现音频内容的实时传输,广大听众的收听体验得到提升。紧接着在两年以后,可以为用户提供互联网入口的应用程序软件大量涌现。听众们在听书网站的基础上,又多了一种体验更优的收听选择——手机音频类 App。

　　蜻蜓 FM 的 IOS 1.0 客户端在 2011 年 9 月 15 日上线,作为手机听书类 App 的开端,此后两年间,一大批有声平台移动应用如雨后春笋般地上线:既有像2013年3月上线的喜马拉雅、2013年10月上线的荔枝FM等主推UGC(用户生产内容)聚合平台,也有像2012年3月上线的懒人听书等长音频有声阅读类的聚合平台。①听书App满足场景化、碎片化的阅读需求,例如在上班族通勤时间、休闲娱乐时间,手机App听书不占用双手,不需要特别注意力,随意切换节目、随时暂停的特点,让越来越多人选择"听书"。手机听书类App广受各类群体的欢迎,移动客户端有声读物的用户规模也大幅增长。

(三)成熟期:2015年至今

在此时期,平台经济效益不断扩大,有声读物内容分发的发展趋势也是向多种终端播放平台的方向发展,最直接的体现在UGC愈加火热、PGC领域的版权价格快速上涨这两个方面。在2015年下半年,三家处于行业内领先地位的有声读物平台喜马拉雅、蜻蜓FM、懒人听书先后宣布用户数突破2亿。在此背景下,有声读物专业委员会的成立,在有声读物领域是具有里程碑意义的事件,这是我国有声读物平台走向成熟的标志。在2015年11月,中国音像与数字出版协会有声读物专业委员会在国家广播电视总局出版管理司指导下,完成了换届选举。最为重要的是,在原有的音像出版社人员班底基础上,多家网络有声读物平台也成了会员单位,如喜马拉雅、懒人听书等。此次换届选举共吸收了四十五家国内有声读物会员单位。这说明网络听书平台的影响力蒸蒸日上,与传统音像出版社一道,成为影响有声读物文化领域的重要因素。

三、音频平台运营规则

目前来看,音频市场仍是一片蓝海,市场规模呈现逐年增长的态势。从内容上来看喜马拉雅、荔枝FM、蜻蜓FM、企鹅FM都属于综合性平台,懒人听书专注于有声书籍,豆瓣FM则是一款小巧的音乐播放器。用户对于音频终端和产品有了更多的选择,声音的价值越发彰显,"耳朵经济"加速驶入发展快车道。

(一)喜马拉雅平台

喜马拉雅成立于2013年,是一个专注于音频共享的服务平台。仅仅用了不到

---

① 王子健.众媒时代播客生存模式调研与制作流程探究[J].新闻研究导刊,2017,8(11):33-34.

一年的时间,它就在2014年5月份成功实现了超过五千万个注册用户的大规模增长。为了进一步开拓其盈利模式的可能性,该平台从2016年起进入知识付费的市场,并成为这一领域的先驱之一。喜马拉雅的口号是"随时随地,听我想听",旨在鼓励人们充分利用闲暇时光,让原本无趣的时间变得有价值。喜马拉雅被视为一个专业的音频共享服务平台。最初,这个平台主要通过音频内容吸引客户,但随后由于用户量的增加,他们决定扩大业务范围,包括引入直播和其他各种形式的内容。

图2.15　喜马拉雅的特点

　　喜马拉雅特点之一是业务分布广泛,喜马拉雅核心业务是有声读物、知识付费、娱乐等,此外平台开展的还有音频直播、社区、电商业务。由于喜马拉雅成立较早,自始至终都定位为全品类音频聚合平台。用户进入喜马拉雅后会看到大量的信息推送,内容种类繁多,但是各个频道都有各自独特的焦点。这种丰富多彩的内容使得喜马拉雅成了一个全面的大型综合平台。

　　喜马拉雅特点之二是精品课程,其丰富的版权内容无须赘述,与之相配的功能也相当全面。除了传统的分享方式如海报之外,它还增加了主播互动环节、提问区及社群讨论等新颖元素,这不仅增强了社交属性,同时也能够解答疑问并提高学习效果。另外,该平台还提供了一系列附加的服务,让用户感受到物超所值的体验,比如详细的学习资料和大纲供用户记录笔记使用。

(二)懒人听书平台

　　懒人听书成立于2012年,致力于满足客户对于各类书籍音频播放的需求。通过多年的经营,已经演变为一个包含听书服务、主播培训、商务服务和社群互动的多功能的有声读物交流平台。该平台提供超过85%的国内正版在线小说,包括十六种主要类别及一百一十五种次级分类,总计十万余部合法有声图书。其丰富的优质有声阅读素材可以被用户自由上传并下载聆听,还具备睡眠模式的支持。然而,尽管懒人听书有着庞大的用户群且黏度高,但是它的目标受众相对较少,相较于喜马拉雅的"听、看、玩"三位一体,它更偏重"听"这一项。同时,懒人听书在网络文学、UGC音频、听友会社区的业务均有扩张。

图2.16　懒人听书的特点

懒人听书的特点之一是PGC有声书籍。懒人听书自成立以来便把有声书领域作为重点精耕对象,其优势在于长篇书籍的音频内容,尤其是长篇网络小说的音频内容。最初阶段,懒人听书的主要制作方式是PGC(专业创作内容),直到2013年才成功进行了内容的革新,采用了混合式制作品质内容的方式,即主导由PGC来负责,而辅助部分则交给了UGC(用户生成内容)。然而,尽管如此,当时的UGC产出量并不高。

懒人听书的特点之二是海量版权资源。由于版权成本不断增加,每年的版权引入、保护和合作花费超过千万级别金额,这使得这个创业公司在版权开销的压力之下步履维艰地前进着。2015年阅文集团的投资入股是懒人听书App发展中一个重要转折点。对于有声读物平台来说,掌握知识产权是至关重要的,尤其是顶级IP,其数量稀缺且竞争激烈。然而,阅文是中国最大规模的IP版权库,它拥有的内容储备无可匹敌。因此,当阅文集团向懒人听书进行战略投资时,无疑为后者带来大量的高质量素材。同时,懒人听书也获得了阅文超过85%的在线小说音频改编权利。除了阅文集团,懒人听书还与全国500家出版社建立了长期合作的关系,同时与原创文学网站、图书出版机构达成深度合作。懒人听书大量的正版资源便是其核心竞争优势。

(三)荔枝FM平台

荔枝FM主要定位于音频直播、社交、游戏等市场,音频内容多是面向于女性用户,主要方向是助眠、情感类,目标是通过提供服务来展示人们的嗓音天赋,构建出立体的语言传播方式,并努力创建一个具有国际性的声音交流和娱乐的网络平台。荔枝FM首先推出了语言广播功能,并且也开发了一些新的项目如语言社交、语言游戏等等。

荔枝FM的特征之一是UGC主导的内容生产模式,它提倡每个人都可以成为创造者,新增的音乐直播、感情直播等多种形式,使内容更具多样性和深度。荔枝FM以"帮助人们展现自己的声音才华"为使命,重塑传统音频行业中原本割裂的音频制作、存储、分发产业链,使得任何人都能利用智能设备完成创作、保存、共享及即时交互,让使用者能够借助声音来记录并分享他们的日常生活。

图2.17 荔枝FM的特点

荔枝FM的特征之二是主打情感交流。现阶段,荔枝FM的音频直播内容主要局限在情感、交友、助眠、音乐等几个主要领域,荔枝FM上直播与音频中情感类的节目比较多,平台上的UGC以年轻人输出为主,吸引了众多孤独感强烈、生活压力大的用户。用户在失恋、失意、遇到生活工作的种种压力时,希望能够通过与他人分享情绪,获得陪伴与建议。

荔枝FM的特征之三是语音直播社区交友。荔枝FM板块设计上还是以娱乐化为主,生活气息浓郁,但是在知识获取方面十分稀薄。荔枝FM实验室提供了一个试验性的平台,例如通过聆听寻找伙伴等。利用声音来建立联系并形成声音社区,社交环境浓郁并且具有明显的二次元特性,比如五彩斑斓的设计风格,这些都显示出它的目标人群相对较年轻。

第六节 私域平台认知

一、私域平台概念厘定

公域流量被认为是一种所有人都能够接收的流量,它被视为一种共享资源。要吸引这个领域内的公众注意到你的存在,你可以选择购买或交换这种资源。然而，这种流量并非私人财产，而是大众共同拥有的。商家的唯一途径就是通过支付费用或举办活动等方法来获得这种流量，并且他们必须遵守并符合相关规定与需求才能实现这一目标。但是，这种流量不能永久保存，也不能直接到达消费者手中。因此，对于商家而言，虽然拥有大量的公域流量，却如同大海中的水流一样难以把握。

比如以百度为代表，当用户在搜索框里搜索某个关键词时，展现在用户面前的是围绕这个关键词的竞价排名展示。一些主要的公共领域流量来源如美团、淘宝和京东等，它们都具有数以十亿计的访问量，并利用此流量实现商品交易。这种流量是其所属公司的财产，一旦企业或个体加入这个平台，他们可以通过无偿或支付费用的方法提高自身在这个平台上的位置显示，以便获取更多流量，进而推销他们的产品。由此总结出公域流量的缺点在于想要获取流量主要靠平台来分发流量，企业不能完全自己掌控，且每次流量的使用需要支付大量的费用，从而导致了私域流量的产生。

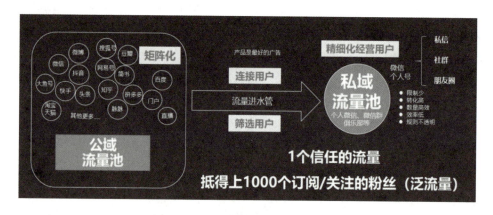

图2.18　公域流量到私域流量的转化

不同的人站在不同的角度对私域流量的理解有所不同。财经作家吴晓波提出商户能够直接触达，进行直接沟通与管理的用户称为私域流量。尹基跃将私域流量定义为属于企业、门店、个人自己的，可以随时、自由、免费使用与触达使用，沉淀在一定密闭空间中的流量。冯平指出私域流量是以个人为主体所连接到的人的关系数量，又称好友数量。本书将私域流量总结为"个人创作者、商家、品牌等所直接连接、直接拥有、直接使用的用户，使其投放可有效维护长远而忠诚的客户关系，而非只是单次交易的广告投放。"从上述概念中可总结出私域流量有三大特点：属自己所有、可免费触达、可反复使用。

私域流量的本质是高效运营客户关系。企业普遍认为公域流量成本高,而私域流量是一种性价比更高的获取流量的手段。但是私域流量在落地方面并没有形成一套行业普遍认同的方法论,这就给大量想要搭建私域流量池的企业带来了巨大困扰。因此,企业构建私域流量池的本质就是对客户进行精细化运营,这就需要创建一个活跃的客户池,可以随时影响和触达到这些专属的客户,从而来促成销售和交易。

二、私域平台发展历程

(一)萌发期:无私域具体概念

互联网2.0的诞生,打破了过去1.0时代门户完全统治的格局,开启了用户个人的互联网社交模式。用户可以在互联网平台申请注册个人账号,并可以通过账号与其他用户进行交流、互动,然后汇聚形成自己的"网友群",如各大博客平台的关注粉丝群,以及初级版的QQ好友与交流群。"群主"在其网友群中可以发布自己的文章、个人心得以及一些简单的售卖商品信息,只是重点不在于商品信息推送和售卖,而是交友、畅聊。虽然这时还没有私域流量这个概念,但"网友群"体现的已是私域流量的形态。

(二)成形期:私域定义被明确

移动互联网具有优越的移动性和便捷性,达到了人人入网、网联人人的程度,这为私域流量的成形和开拓奠定了基础。在2013年,公众号的出现为微商的发展提供了契机,其商业模式主要关注的是如何实现流量转化,这与目前流行的私人领域流量策略非常相似。与此同时,阿里巴巴也在同一时期发布了"微淘"产品。到了2016年的1月份,阿里的CEO张勇在一次公司高层会议上明确指出:我们要支持商户经营他们的个人区域,同时也需要激励所有的部门来创建无线网络中的私人领域。从此,私人领域的流量理念得到广泛认可和推广。

(三)加速期:私域流量引发热议

在2018年底,知名经济评论家吴晓波在他名为《预见2019年》的新年演讲里提到了私域流量会在2019年迎来爆炸式的扩张。从那时起,"私域流量"成了网络热门词汇,开始被大众所知悉并讨论。各方都对私域流量展开了热烈的探讨,使得它迅速变成了营销人员的日常用语。据大数据分析结果表明:在2019年的前六个月,公众号中的关键词为"私域流量"的文章数量呈快速上升态势,其总阅读数在这半年多来增加了超过六成。另外,通过百度指数查询,私域流量一词自2018年以来呈上升趋势,进入发展加速期。

三、私域流量的优势

(一)降低获客成本,提高留存率

与公域流量相比,私域流量具有属自己所有、可免费触达、可反复使用等特点,这种方式不但有效解决了一直困扰着商家的流量难题,同时还大幅度减少了获得流量所需的花费。以往从公共领域流入的流量,企业往往会在短时间内消耗完毕,但如今这些流量被存储在"流量池",例如微信账号、微信公众号或应用程序等。一旦这些流量落入私人领域流量池,它们便成了商家可以精确掌控的客户群体。商户们通过合理手段不断地触达客户,培养客户的使用习惯,提高用户需求的吻合度,从而提高客户的留存率。重复访问的用户越多,留存率就越高;留存率越高,转化率和复购率就越高。

(二)解决黏性问题,提高复购率

所谓的顾客黏度是指消费者对品牌的忠实和信赖程度及良好使用体验所产生的依附性和再次购买意愿。通常情况下,如果消费者的这种依附性和再次购买意愿越强烈,那么他们的黏度也就越大。这个现象背后的主要原因在于他们对该品牌或者产品的高度信任。互联网上的商业活动基础就是建立在信任之上,而这种信任感的建立并非一蹴而就,它需要我们长时间地去培育。在电商、商场等公域流量场所,商家与客户相处的时间甚短,客户的信任度很低,导致黏性也较差。私域流量通过不断触达客户,跟客户建立关系以培养信任,再通过长期的消费购买,客户对产品或品牌的黏性会越来越强,不仅能提高客户的商品复购率,而且也能实现用户的裂变。

(三)优化流量数量,裂变更多用户

私域流量池里的流量并不是一潭死水,运营者通过社交互动,让彼此的关系更

深入,一旦消费者对产品的使用感受良好到一定程度时,就会自发地协助推广并产生由资深者带动新人的分销吸引客户的效果——这与生物学中的"单一元素、单一体又演变成双元结构"有着裂变式的异曲同工之妙。而要使商品发生扩散效应的话,最重要的是必须有部分顾客乐于推介该品项给他人,接着是需具备有效的社会网络宣传途径来利用这些先期推荐者的口碑营销扩大影响范围。私域流量池中的KOC(关键意见消费者)强调真实,不强行设定人设。他们分享产品的方式常常是通过实际体验来展示购买和使用产品的感受,这种做法能够有效地消除顾客的各种疑惑,大大降低他们的心理顾虑,并在此过程中扩大用户群。

四、私域平台运营规则

尽管像抖音和今日头条这样的平台已经提供了一些基础服务以构建私人领域流量,然而当前这些服务的使用率仍然相对较低。而基于微信所建立起来的"视频号+微信群+公众号+视频号+微信小程序+微信企业号"模式已经被证实是实现高收益的高效途径。

图2.19　微信的私域流量板块

(一)微信个人号

作为构建私人领域流量池的关键途径,微信个人号也成了当前私有领域流媒体平台中最有效且直观的方式之一。通过对个人号的高效管理,可以迅速提升私有领域的转换率,增强用户黏度,从而促进业务的发展。此外,品牌还可以依据用户的共同爱好、行为模式或者偏好等方面创建精确的小组,然后利用信息内容及互动交流等方式实施推广活动,如此一来,原本一次性的交易可以通过小组的细微化经营将用户转变为产品忠实拥趸者。

由个人号衍生出的朋友圈也值得一提。通过在朋友圈晒产品、发海报、转推文、推直播、做促销等宣传行为,引导用户购买。这是自微信推出以来最早、最原始的变现渠道,没有门槛,人人可做,也是成就"微商"个体神话的核心渠道。

(二)微信群

微信群是我们最常用的私人领域流量来源。它不仅在我们的生活里频繁出现并被大量使用,在处理各种电子商务网站的顾客流时同样可以利用微信群来实现。原因有二:其一,它的实际成效显而易见且可以控制;其二,它的转换效率极高,并且能取得更好的推广效果。通过向这些社交网络发布有关社区活动的消息或提供特惠折扣券等方式,品牌能够有效地触及消费者,从而推动企业的私营流量管理。然而,社群管理的挑战很大,因此必须对目标消费人群做出标记喜好选择,挑选出优质精确的粉丝,社群经营的关键并非取决于客户总数的大小,而是取决于他们的品质高低。

(三)微信公众号

微信公众账号的用途非常广泛,政府、媒体、企业、名人等均积极创建专属的微信公众账号进行文化活动的宣传营销。这些微信公众号可以根据其目的被划为两种类型:一种是以发布新闻为主的账号,即订阅号;另一种则是以向用户推送相关服务业务为主的账号,即服务号。后者具有更多权限功能,比如消息可以直接展示在聊天列表,而不是像订阅号一样折叠隐藏。微信公众号也是私域流量的重要载体和变现渠道,不过与朋友圈和微信社群不同的地方在于公众号的带货模式更偏向内容电商。所谓内容电商,就是在新媒体内容平台发布吸引用户的内容,激发用户兴趣,从而促进用户购买的模式。

微信公众号鼎盛时期,孵化出大量的优质微信公众号内容电商账号。微信公众号内容电商主要是靠写长文案和优质图文内容吸引粉丝、促进购买。正因为如此,微信公众号内容电商是难度最高的私域运营模式,做得最成功的都是自媒体写手群体,或者拥有优质写手的大公司,普通中小企业很难从中分到一杯羹。而微信服务号定位于服务功能,利用微信服务号的强营销、高曝光、弱内容特性,直接向用户推送营销内容,如直播信息、促销活动等,而不是把重点放在微信订阅号的内容资讯创作。当然,微信服务号由于信息是直接曝光在微信聊天信息列表,对用户骚扰性很强,所以每推送一次信息,就会出现掉粉的私域流量折损现象,通常这是一种正常的现象,所以很多企业在实际应用中是微信服务号和微信订阅号同时拥有,确保二者功能互补,多点触达。

(四)微信视频号

2020年1月22日,腾讯集团官方全面宣告启动微信视频号的内部检测。这个网站平台与订阅号和服务号有所不同,它是一个新兴的内容记录和创作网络平台。在算法上,能推到好友之外的微信公域流量池获得曝光,从而具备了拉新的效果;功能上力图与抖音快手看齐,赋予视频号各种电商带货功能,使得微信视频号拥有了渠道变现的属性。

图2.20　微信视频号的引流路径

微信视频号可以与微信公众号相关联,大号带小号共同引流,公众号发文章的时候可以附上微信视频号的内容,这是微信视频号独有,其他平台所不能达到的。在微信视频号中,实名制熟人社交的信任关系使得好友间分享视频号内容更为顺畅,相互信任度为交易环节提供了可置信承诺。如果内容优质,具备社交货币属性的用户点赞、转发、分享可以帮助中小微企业精准定位关键人群,帮助中小微企业突破社交群层,实现品牌效应与交易转化的裂变式增长。微信视频号与其他短视频平台相比有显著差异,它能够与小程序、公众号和企业微信等微信生态商品进行链接,这样做可以提高用户触达和黏性培养的效率。

(五)微信小程序

作为私域流量系统中的一种活跃的商业实践方式,微信小程序能够构建全方位的私域经营模式,并摆脱对公共领域流量的依赖,从而建立起企业的私人流量库。微信小程序是一种不需要下载安装即可使用的应用,它依托于微信平台运行,用户可以通过扫描二维码或搜索关键词来打开小程序,使用起来非常便捷。微信小程序适用于多种场景,包括但不限于生活服务、社交娱乐、教育学习、工具等。它为商家提供了一个展示和服务的平台,使得用户能够快速获取周边服务。

此外,微信小程序的开发门槛相对较低,适合各种规模的开发者,无论是个人、企业、政府还是媒体等。开发者可以使用微信提供的一系列接口和工具,快速开发出功能丰富的小程序。

(六)微信企业号

微信企业号与个人号相比有独特的性能优越性。一是微信企业号能够自由地添加朋友数量,通过审核后每个企业号就能添加五千名联系人,申请扩大容量后最多能达到两万人,当超过这个数字时,仍有资格再次扩大容量,没有固定的最大值。目前已有许多知名公司用企业微信来联系和服务上千万消费者。二是客户资源安全,营销成本低,客户沉淀在企业微信中,员工离职后24小时就可以让新的员工无缝接替老员工做客户服务,服务不中断,客户无流失,解决了企业老板的大痛点。三是微信企业号提供高效率的客户运营工具,例如自动回复、消息群发、用户标记、企业朋友圈等,基本覆盖了微信个人账号及第三方微信工具的主要功能。除此之外,微信企业号还开放大量接口让企业接入高级功能,可以接入很多第三方工具,比如CRM系统、供应链管理、企业培训等,使用非常方便。四是提升了公司的对外形象,使顾客信任度更高,员工在使用企业微信与用户沟通时,用户可以看到职业头像、实名认证和公司名称,这样就能达到正规化和商务化的效果,从而大幅解决社交中基础信任问题。

第三章　账号体系定位与管理

第一节　账号变现方式

　　运营账号通常基于两大诉求:涨粉、变现。政务类或媒体类账号通常以涨粉为目标,旨在塑造品牌形象、传播资讯信息、服务社会百姓等。而企业或个人账号通常以变现为目标,这类群体做全媒体运营首先要想好的第一个问题即账号变现方式。值得一提的是,粉丝数和变现在一定程度上不完全正向匹配,高粉丝量的账号变现效果不一定会好,甚至会遇到无法变现、不知道如何变现的情况。因此,如果是商业行为,在账号搭建初期就要思考清楚希望通过哪种途径变现,最好从有第一个粉丝开始就有变现的能力。以下介绍五种常见的变现方式。

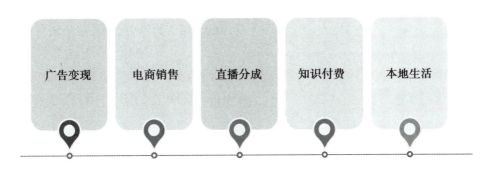

图3.1　账号变现路径

一、广告变现

　　广告变现是最常用的变现渠道,也是行业内主要的和较为直接的变现方式。全媒体包罗万象的形式为网络市场营销提供了新的接入点,在互联网技术发达的今天,传统广告形式已无法吸引受众注意力,受众渴望新形式及优质内容。各类新平台常常有三类提法,分别是原生广告、贴片广告、信息流广告。原生广告中的广告与内容不分开存在,而是广告糅合在内容中,真正实现内容即广告。贴片广告是网络视频传统的广告形式,指的是内容分享类应用中正文内容的片头、片尾或侧插片播放的音视频广告,目前发展较为成熟。信息流广告则是将广告内容分散在用户浏览的信息中,让其成为信息流的一部分。

从企业和个人账号内容运营的角度来说,要重点关注原生广告。原生广告对于用户来说,没有强迫性,用户对内容感兴趣就看,不感兴趣划走即可,让用户完全获得自主性;对于账号运营方来说,原生广告便于操作,同时在企业商家的实际运用中表现出很高的营销价值和商业价值。原生广告以创意为主线,加之多样化的表现手法,给广告主带来一种新的打开方式,实践证明这种方式可以极大程度地将信息传递给受众,并且受众愿意成为广告信息的扩散者及买单者。一种普遍的方式是台词植入,表演者借助台词来展示商品的特点、功能及优势,这是一种简单易行的方法,但可能引起观众的不适,不但无法达成预期的推广目标,还可能会损害他们对于内容制作者的好感度①。另外,利用道具或背景环境作为广告植入的方法也很常见,把品牌的元素融入情景之中,使其成为拍摄中的道具,恰当的特写镜头使得商品在剧情线里顺畅地展现出来,这样既不会破坏内容的观赏体验,又能让消费者更容易接纳。奖品植入的广告嵌入模式也比较流行,一般会通过鼓励观众关注、点赞并留言转发,从而获得良好的宣传效果。

二、电商销售

电子商务指的是一种新的商业运作方式,它主要是在全球范围内的广阔市场中,通过互联网络这个公开平台,让买方与卖方无须面对面地互动,从而完成各类商业交易行为、金融操作及相关的一系列综合服务项目。

电子商务销售已逐渐发展为各大网络平台,特别是短视频平台、MCN 公司以及个人创作者的主要着力点,比如抖音就在其应用程序内设置了商店链接,包括抖音商品橱窗、抖音小店、抖音视频购物车等等。其中,抖音小店是抖音售卖的一种方式,它可以在抖音平台上直接实现商品买卖。企业需要支付一定的费用来加入

---

① 龙姣志.变现路径类型及潜在风险:基于我国短视频平台变现的研究[J].北方传媒研究.2022(2):42-46.

抖音小店,按照不同商品类别还需缴纳不同费率的佣金。[①]而快手则是通过与有赞公司的合作推出了快手小店,并向所有的快手小店成交订单收取技术服务费。当电子商务融合到社交领域时,更多元的购买场景在小红书出现,多样的用户购买需求也随之产生。当下小红书投入了更大的精力和资源服务买手、主理人、商家和品牌在电商中的发展。

三、直播分成

直播主要收入来源一是通过用户付费购买虚拟礼物并将其赠予主播,二是电子商务交易中所产生的利润抽成部分。礼物打赏主要是指观众付费充值买礼物送给主播,多在泛娱乐的直播中出现,尤其是秀场直播,主播以直播平台为依托,通过唱歌、跳舞、表演才艺等获取关注和收益的直播形式,其特征是"秀",即通过展示才艺或面容得到关注。随着直播平台的升级和优化,礼物系统也更加多元化,从普通礼物到豪华礼物,再到能够影响主播排名的热门礼物、VIP用户专属的守护礼物,无一例外都是为了进一步刺激用户充值。

除此之外,电商常常与直播伴随。根据电商直播中主播的类型进行分类:第一种是"流量主播+平台直播"的形式,主要是指本身就拥有大基数粉丝量的主播在不同平台进行直播。在这种形式中,需要主播本身就具备很大的流量,其次就是对主播的专业能力、带货能力有很高的要求。第二种是"商家自播+平台直播"的形式。这种形式中,主要是一些品牌商家自己在平台进行直播,这些品牌一般都是已经存在很多年,本身的品牌形象、粉丝数量相对可观。

四、知识付费

知识付费在市场中常常与内容付费关联,知识付费涵盖在内容付费中,主要的形式也是图文、音频、视频等,但二者又有很大区别,前者更偏向于解决用户的知识焦虑,是以更加有针对性和价值的信息为主。所以说,知识付费是内容付费的升级模式,但知识付费仍然包含在内容付费当中,是内容付费的一部分。知识付费更多的是互联网知识经济背景下,用户为获得特定的知识内容,购买相应知识产品的消

---

① 龙姣志.变现路径类型及潜在风险:基于我国短视频平台变现的研究[J].北方传媒研究.2022(2):42-46.

费行为,这是互联网产业中的一种经济模式。

目前知识付费大致可划归为三种类型。第一种就是有条件地出售版权服务的行为。这种方式是在知识产权保护制度日益健全的前提下,付费内容逐步取代非法复制而带来经济利益。所以,视频网站纷纷有了会员制,现在连音频作品也开始大面积收费。第二种是有偿提供咨询行为。通常是由某一方面具有专长的人士或是经验丰富的人员基于特定主题给付费用户提供专业性的建议,主要集中体现于医学、金融、心理、法律等领域。第三种则是有偿求知行为,对某些特定的信息资料采取按需计价的方法来获取报酬,相对于从网络搜索信息,知识付费信息提供往往更具有专业性和针对性。第三种情况涉及有偿学习的行为,这通常是由特定领域的专家针对该领域最新前沿知识提供的一系列课程或者讲座等服务。

五、本地生活

本地生活是以人们的生活圈作为范围界限,并在其中发生的所有与日常生活相关的活动的总称,包括人们日常的衣、食、住、行以及与其相关的各方面的行为活动。随着互联网应用的普及和物流行业的高速发展,人们的生活圈不断扩大,本地生活范围也从传统意义上的生活圈扩展到了互联网连接到的全球各地。所以本地生活已不再是字面上的理解,仅仅局限于本地概念,而是整个互联网所覆盖到的任何地方,我们更多地关注于"生活"二字。本地生活服务是指将基于地理位置的周边可以提供生活服务的商家及服务信息,聚合到线上平台,呈现给消费者,为消费者提供更方便、更有效的消费体验,其中类型多种多样,包含了餐饮、休闲娱乐、丽人美容、旅游住宿等多个行业。

按照商家提供服务的使用及交付场景来进行分类,可以将本地生活服务分为到家服务、到店服务两类。到家服务是指为顾客提供上门服务,消费者在网上购物平台上下单,商家或平台会派遣专门的服务人员到顾客指定的地方为顾客提供服务,或者是将顾客所需要的物品直接送到顾客所需要的地方。常见的服务主要包括家政、外卖、搬家、配送等。到家服务的使用和提供方案是以用户的家庭或办公室为主要场所,平台或者商家派出的服务人员的服务质量会直接影响到消费者购买到家服务的使用体验,同时消费者的用户体验也会直接影响到家服务的整体评价。到店服务则是顾客通过网络订购或者电话预约,在指定的商店购买商品,再由商家在实体店铺内为顾客提供相应的服务。到店的服务主要有休闲娱乐、足疗、电影、餐饮、美甲美睫、加油、酒店、景区票务等。到店服务的使用和交付场景都是在商家的实体店中进行的,所以除了顾客的服务体验,店内的环境也会影响顾客对店铺及服务的评价。

第二节　账号搭建流程

上文介绍了五种常见的变现方式,在明确账号如何为品牌盈利后,就可以开始搭建账号,通常会经历平台确认、赛道选择、竞品分析、完善主页等搭建环节。

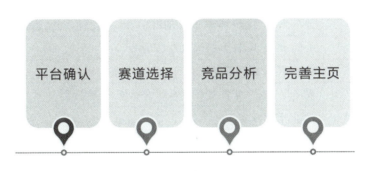

图3.2　账号搭建流程

一、平台确认

在搭建账号前,需要确认选择什么平台进行账号搭建。第二章中提到短视频平台、中视频平台、虚拟社区平台、聚合资讯平台、音频平台、私域平台六种平台类型,每种平台类型都有具代表性的客户端,且每个客户端的运营规则不同。说起客户端,我们平时用的PC机上的各种应用软件、手机上的各种App都是客户端。手机客户端为企业开辟全新的营销推广手段,相当于把公司的名片、宣传册和产品等一次派发给用户,而且用户还会主动地保留它们。

在选择平台以及具体的客户端时,首先要明确目标受众和品牌风格。目标受众是指想要推广的人群,品牌风格是指个人形象和品牌价值观。只有明确自己的目标受众和品牌风格,后期才能在不同的平台上搭建更多账号,以达到更好的宣传效果。其次,在选择合适的平台时,需要充分考虑平台规模、用户画像、活跃度等因素。一般来说,大型平台的规模较大,用户数量较多,活跃度较高,但竞争也较激烈,小型平台则相反。

二、赛道选择

在确认好平台后,需要选择账号赛道。赛道就是所选择的一个特定类目领域,并且之后要一直坚持在这个领域内输出相关的内容。本书将赛道分为20个一级赛道(表3.1),每个赛道细分出多个二级赛道。

表3.1　账号内容可选择的赛道

序号	赛道	二级赛道
1	美食	美食测评、美食教程、美食探店、美食知识、美食展示等
2	汽车	选车、用车、玩车、学车、汽车周边等
3	科技	手机、电脑、电器、科技周边等
4	时尚	穿搭、美妆、美发、美容、健身、时尚资讯等
5	知识传播	财经、"三农"、考学、职场技能、资格认证、情感心理等
6	颜值	帅哥、美女等
7	校园教育	考试考证、校园活动、校园场景、校园信息、校园其他等
8	休闲娱乐	魔术、多米诺骨牌类、开箱、玩具、棋牌等
9	人文社科	传统技艺、人文艺术、非遗文化等
10	科普	天文科普、植物科普、地理科普、科学实验、冷知识、自然科普、数理科学等
11	居家	装修设计、生活窍门、家具家电、园艺花艺、DIY等
12	体育	竞技体育、水/雪上运动、极限运动、球类项目等
13	游戏	游戏解说、游戏资讯、二次元衍生等
14	萌宠	宠物猫、宠物狗、动物公益、其他动物、宠物资讯等
15	社会时政	军政消防、时政新闻、军事、政务宣传、社会新闻等
16	健身	专业健身、生活健身、健身知识等
17	影视	影视解说、影视资讯、综艺、片场演绎、明星访谈等
18	旅游	旅行攻略、旅行摄影、酒店/民宿、导游等
19	音乐舞蹈	专业舞蹈、手势舞、民族舞、广场舞、音乐演唱、西洋乐器、民族乐器等
20	亲子	母婴(孩子出生前和出生)、育儿(孩子出生后0~6岁)、少儿(6~14岁)、儿童、亲子日常等

随着智能手机的普及、各类客户端的发展，以上提及的赛道均有不少热门账号，该选择哪个赛道可以从两个维度思考：一是创作者达人占比，流量越大竞争越大，越新的赛道入局门槛越低。二是内容供需，如果内容供给大于内容消费，说明该赛道十分饱和了，竞争会非常激烈；如果内容供给小于内容消费，说明该赛道里的内容不够观众观看，新人入局进行创作就比较容易。值得一提的是，不论如何分析外部环境，运营者不容忽视的关键点是不要选择"最好的"赛道，而是要选择"最适合"的账号。

三、竞品分析

竞品是指同一市场区间内，商品的同一竞争品种，即细分市场中同一范畴内的商品。例如：在餐饮领域麦当劳和肯德基互为竞品；在通信领域苹果手机与华为手机互为竞品；在手机地图 App 中高德地图与百度地图互为竞品。竞品分析是指对竞争产品的各方面进行分析，这一概念最早源自经济学领域。随着竞品分析在各个学科领域的扩散，其概念已被多个学科所涵盖。本书中的"竞品分析"是指对同一赛道的同类型账号进行分析讨论，通过对其竞争账号各方面信息的对比，指导新账号的研发和运营，促进其更好更快发展。在选择好赛道之后，需要用科学的竞品分析方法来学习同行优点，并确认未来自己账号的独特之处。

第一步：至少要找到 20 个优质同类型的账号。除了手动搜索，可以使用数据分析工具，如新抖、飞瓜数据、新榜等，进入工具内的账号搜索选项选择出对应的赛道，再在高级筛选中获取你规划的粉丝画像，就会出现一系列账号基本信息。

第二步：做账号数据分析表。包括账号简介、头像与背景图、定位类型、栏目设置、更新频率、首更日期、粉丝数、页面风格、是否直播、是否带货等维度。

第三步：每个优质账号观看数据排名前十的视频。可以综合置顶视频、点赞量最高视频、最新发布视频等综合情况进行筛选。

第四步：做视频数据分析表。包括封面标题样式、选题内容、文案、呈现形式、拍摄场景、发布时间和频次等维度。

例如选择美食赛道，首先要找出至少 20 个美食赛道的账号，并分析每个账号排名前 10 的视频，通过看各项指标判断账号成功的原因。研究同行是进入全媒体行业最快最有效的必经之路，通过同类竞品分析找到他人优势和不足，在搭建

图3.3 账号定位的关键要素

自己的账户时找到差异化运营路径。遵循赛道的"加减加"模式:前期增加内容,持续输出,加速发布达到快速涨粉;中期重点去分析、沉淀、优化内容,突出自己的核心竞争力;后期通过复盘优化找到自己的核心竞争力,借助这个核心点去加速运营。

四、完善主页

在完成同类竞品分析后,可以开始进入搭建自己账号的环节,完善主页是必不可少的一步。主页的主要内容包括昵称、头像、简介、封面。当用户看到一篇优秀回答或者一个有意思的视频,就会点击进去看该创作者的昵称,或放大图片看看头像,或看个人介绍以及背景图片,产生兴趣后会再浏览一下创作者之前发布过的作品等,这些内容就统称为主页。主页是创作者抓住用户心理的一大机会,将用户转化成粉丝往往就在一瞬间。

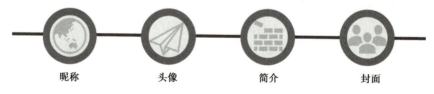

| 昵称 | 头像 | 简介 | 封面 |

图3.4 账号主页的要素

昵称即你是谁,一个好的昵称是必不可少的。昵称的三个标准为好记忆、好了解、好传播。具体来说要独特而且要与定位内容相关性强,如果再有趣一点,大家就会一眼记住。另外也可以通过贴标签来展示你的账号定位,比如小崔说教育、减肥日志、舟舟创业,旨在让用户看到你的昵称之后,对账号有基本认知。

头像选择的核心目标也是突出账号的主体内容。头像选用的四个标准:一是简约明晰,尽量防止远景人像,不用杂乱场景;二是不要发布硬性广告;三是文字类头像通常不多于6个字;四是头像要和名字有关联,保持统一。比如美食达人账号,可以用一张调动用户食欲的美食图片作为头像;如是文案类账号,可以用文艺的青年男女图片作为头像;如是创业类账号,用整洁大方的本人真实照片就很有说服力,或者身着正装更能展现创业形象,从而形成品牌效应。

简介是对昵称最好的解释。在信息量大爆炸的时代,一定要凸显出你自己的个性。要体现出你能提供什么价值,关注你能获得什么。用最精练的语句概括账号内容,突出账号主体定位。比如玩转私域流量、自媒体运营、专注内容创作、穿搭时尚护肤、持续更新、引导关注评论说明等内容。

封面最基本的要求是风格统一、简洁大方、看起来让人很舒服。封面图要干净清晰,标出核心的信息即可。这样用户在翻看你以前的作品的时候才会更加方便,一般大家都不会喜欢太鲜艳的几种颜色放在一起,显得杂乱无章。

第三节　账号IP打造

随着全媒体运营的发展,个人IP成为一种新现象,越来越多有影响力的个人IP开始致力于打造个人IP品牌。个人IP作为近年来出现的一种新兴品牌类型,具有粉丝基础高、商业转化率强、社交互动性强等特点,并给传统品牌传播带来了颠覆性的变革,其在未来的发展具有无限可能。

一、个人IP的内涵与外延

目前常见的IP定义是"Intellectual Property"(知识产权)的缩写,指的是人对于其自身创造的智力劳动成果所享有的权利,既包括发明专利,也包括艺术领域中的作品版权等。IP概念的研究主要集中于知识财产,例如文学、游戏、电影等产业。

随着互联网快速发展,IP所包含的内容不只如此,它还可以代指某种商业模式或思维方式,甚至也可以指某个人,当前随着全媒体的发展而盛行的网红,实际上就属于IP个人化的过程。个人IP是互联网环境下衍生出的网络用语,指个人对某种成果的占有权。个人IP从IP中衍生而来,通俗来讲,个人IP就是个人的价值被内容化、标签化,通过对自身的传播,具有一定可识别性和独特性,并对受众产生影响。个人IP代表着某个人在某个细分领域内十分专业,很有影响力,并依靠自己的专业性和影响力积累成"流量"。对于拥有个人IP品牌的人来说,个人IP就是一张亮眼的名片,是一种自带流量的无形资产,更容易与消费者产生联系、建立信任,从而带来溢价、产生增值,由它带来的商业变现就是粉丝经济。本书认为个人IP是在某个领域很专业,能够为这个领域的人提供价值,并具有一定影响力,能够吸引这个领域的用户关注度的个体。

图3.5　打造个人IP

从个人IP的外延来看,主要包含内容生产者与内容本身这两个部分。因此,个人IP所代表的不仅仅是单独的某个人或某个物,它所代表的还是某一种价值观念、某一种文化、某一类群体、某一个自带热点的内容。个人IP是以内容影响力作为衡量标准的界定,具有鲜明的身份标识以区分于其他内容产品。在互联网场域中,用户对个人IP之所以会展现出远超任何内容机构的忠诚度,正是因为个人IP本身所展露出的个人标识,这些属于生产者自身的内容同样也构成了吸引用户的、用户所消费的一个环节,甚至是更重要的一个环节。内容生产者自身的人格为其内容赋予的真实感,在内容与受众之间建立起了在网络时代珍贵的"人与人"的情感联系,这种联系是更稳定的、更深入的。

二、个人IP呈现形式嬗变

IP既可归属于个体也可能是由团体运作,然而总的来说,它通常以个人的名义运行。尤其在如今社交网络高度发展的环境下,任何人都有机会因为某些突发事件而迅速走红。无论是网红还是其他类型的知名人士,他们都在寻求被关注的程度和持久度,并希望这些影响力能够转化为实际的经济效益。这一收益直接体现为流量和商业"赚钱"的能力。

(一)传统媒体时代

不同类型的媒介形式中个人IP有其独特的表现方式。在传统媒体时期,最显著的个人品牌形象便是报纸专栏和专栏作者的崛起。许多写作工作者都渴望能在报纸或者杂志上设立专栏来展示自己。他们或发布文学创作,或讲述他们在日常生活中的所见所闻,或对新闻事件和社会现象提出看法,也有一些人会公开他们在某个领域的研究成果。这类人通常被称为"舆论领袖",但是很难估算出他们的追随者人数,并且不能够与之建立联系。而电视上的个人品牌形象主要是由著名记者、著名主持人以及知名的节目和栏目构成,这些受欢迎的电视台吸引了大量的忠诚观众。例如某些新闻主播能够有效地传达主流观念,而一些综艺节目主持人则能通过这种方式影响大量观众的文化消费行为。[1]

(二)网络时代

伴随着网络技术的进步,任何人都增加了进入公共网络空间的手段和途径,这些进步带来最大的社会价值之一主要体现在它们能消除传统传媒渠道资源的专有性和独占性,使得普通大众也能享有"自我价值观展示的机会",从而吸引到一群粉丝或追随者的注意。自媒体时代的到来,让传统媒体所坚守的发声者阵地降低了进入壁垒,公众拥有了受众与传播者的双重身份。由于发声的自由性,大众正在被网络"个人化",主要体现在受众角度的个人兴趣,以及传播者角度的个人价值追求。对个人兴趣的追求催生了内容的垂直细分,而对个人价值的追求催生了IP的创设打造。

---

[1]　熊忠辉.个人IP的视频媒体化与传播品牌化:以"李子柒现象"为例[J].传媒观察,2020(2):22-26.

三、个人IP的品牌化

在IP的概念中,最核心的元素是"用户情感共鸣",即与用户产生情感和文化内涵上的相互认同。个人IP能给用户带来的情感共鸣是其他的IP类型无法做到的,因为个人IP建立认同的基础除了内容还有内容生产者自身的个性,这是内容IP与形象IP的幕后创作团队所无法展露的特质。如今随着媒体平台变得更为开放,个人IP品牌的打造已然成为一种新型的整合营销策略。明星化的个人借助自身人格魅力将他们的影响力与产品售卖和理念传播相结合,特别是在那些具有视觉冲击力的生活类短视频中,他们能更有效地将形式风格与内容深度相结合,从而凝炼出独特的风格,形成品牌效应,具体有以下四个核心元素。

(一)挖掘内容

内容创作仍然是核心原则,然而其表现方式则因个体而异。例如,当前广泛存在的音频平台,如喜马拉雅汇集了大量的听觉资源,涵盖各类课程以及与传统电台相似的节目。这类带有节目性质的个人IP,实际需要由专业的团队负责制作,个人拍摄并发布的内容虽然可能成为网络红人,但却难以形成稳定的品牌效应,特别是对于个人视频IP的打造而言,对专业化、标准化的要求更高,因为它必须具备强烈的视听效果和明确的主旨。

(二)差异定位

品牌源于消费者反映的差异,如果没有差异,那么名牌产品仍然是普通产品,消费者的不同反应是其对品牌认知的结果。个人IP品牌之间的定位越相似,竞争就会越激烈。要做到个人IP品牌的精准定位,品牌创始人应该作为品牌的深度用户充分理解个人特质,并且将其发挥出来。

(三)重视互动

传统媒体时期,个人与观众很难长期实现有效互动。然而,借助社交网站及在线平台等工具,我们可以极大地提升这种互动效果,这不仅给粉丝留下评论或参与对话的空间,甚至容许他们建立特定的社群以增强后续交流。例如,粉丝可以在哔哩哔哩、豆瓣或是知乎的论坛中创立虚拟的社群对他们喜欢的主题进行探讨,乃至组织粉丝后援团发动线下支持活动。

（四）立体传播

在多元化的信息传递环境下，每个团体和个体都需要采用全方位的信息传输策略以实现品牌的塑造与推广。这包括利用视频平台、私域平台、资讯平台等各种不同的渠道来扩大覆盖面并吸引不同类型的受众群体。通过整合多种平台资源，最大程度地触达更多的潜在客户。这种全面性的宣传手段既可能是主动策划的结果，也可能是在公众参与的基础上自然发展出来的。

第四节　网络人设建构

人设是个人IP中的具体呈现，可以看作我们期望用户认识的形象。网络人设作为近年来的热门话题，它的塑造和演变具有显著的特点。这种虚拟身份的设计、操作是一种公共传播形态，它能实现强大的信息传递效果，有极大的吸引力和社会影响。

一、人设建构的内涵与外延

"人物形象设定"简称为人设，这个词语起初主要用于描述动漫、影视作品里的人物特性，包括其外表、个性、内心特质及出身与成长环境等方面。随着时间的推移，它已逐步发展为娱乐圈明星们塑造并推广自己的一种基础策略，例如以"老干部"身份出现的演员靳东、被贴上"学霸"标签的演员黄磊以及拥有"高情商"称号的演员黄渤等等。[1]这种为人设立定的标签通常是为了迎合大众的喜好和娱乐消费需求。在社交媒体和网络文化中，人们经常通过展示自己的言行举止、外貌形象、兴趣爱好和所表达的观点来构建一个特定的人设。这个人设是一种被塑造、维护和展示的形象，旨在给他人留下良好的印象，随之获得认同和赞同。

人格化IP就是给品牌搭上"人设"，与用户"说话"，减少用户识别成本，输出品牌价值观。这里的"人"可以是虚拟形象，也可以是真人。随着互联网技术的发展与创新，人类之间的沟通不再完全受到现实环境中诸多约束的影响，为网络人设的

① 苏宏元.网络人设的符号化建构、表演及反思[J].人民论坛,2022(10):88-91.

构建提供了广阔的环境空间,借助文字描述、图像或视频等多种形式来展现自己成为可能且易于操作的事情。因为存在线上传播主体"身体缺场",用户可以通过各种"虚拟人设"进行网际互动获得丰富的亲身体验和在场感,从而获得内心的满足。现在,网络人设已经不局限于明星,企业领导者甚至普通个体也会运用这一策略去塑造他们自己的个人形象,以实现他们的社会追求。

尽管人设这一理念不断发展扩大,但它始终是一种由人创建并有助于交流及记忆的信息编码。换句话说,人设建构是以一种指代方式展示特定社会个体的某些特性或属性,也可能用来表示那些并不属于他们的特点,将具体的个体标签化,使其凸显某种明确的个性特征。但值得一提的是,人设不是空穴来风,而是在原有特质上进行放大。

二、网络人设的传播特征

随着信息传播方式的改变,"人设"不再依托传统媒体进行形象建设,以微博、微信、抖音、B站为代表的新兴媒体为人设塑造提供了充分空间,由此延展为一种独立的媒介形象,即网络人设。网络人设具有个体虚拟化、多样化、依据化的特征。

(一)虚拟化

网络人设的虚拟化体现在两个层面。首先,网络人设的建立环境是虚拟的,大众透过网络平台建立对人设主体的想象。尽管网络平台是虚拟的,但人设带给人们的感受是真实的,在技术优化下网络平台赋予人设主体充分的创造条件,从而完成人设建立。比如平平无奇的普通人通过奢华场景、名表名车、美颜修容组成的照片就可以轻松树立"白富美""高富帅"人设。其次,网络人设是自主设定的虚拟人格。由于网络人设可以脱离社会语境,人设主体摆脱了现实世界"在场"的种种约束,原本只存在于人脑中想象和构造的虚拟自我找到了一种新的表达方式,从而衍生出依赖网络环境的虚拟自我。[1]"完美人设"就是偶像、营销号、经纪公司以及社会资本共同经营的结果,但这些偶像往往很难在现实生活中做到完美,这也是偶像频频翻车的重要原因。[2]

---

① 许高勇,王蕾婷."人设戏精"网络亚文化的自我呈现、社会表征及其反思[J].新疆社会科学,2020(1):118-125.
② 周湘鄂.网络"人设"的传播特征、动因探析[J].编辑学刊,2023(1):116-120.

(二)多样化

网络人设是对于人自身的一种新型叙事方式,其能够按照社会需求进行编辑与设定,由此催生五花八门的网络人设,从而满足受众的差异化需求。早前的网络人设停留在指示意义阶段,如"90后""高富帅""凤凰男",只是对人物年龄、职业、身份的标签化。伴随新媒体的发展,受众对于网络人设的需求更加多元化,由此演变为更丰富的人设表达。同样表现富贵,从"富婆""贵哥""国民老公"再到"凡尔赛",就体现出网络人设更为灵活的能指,人物范围和人物形象更加鲜明。与此同时,网络人设反过来又会吸引具有相同心理需求的受众群体,他们乐于接受某种人设带来的满足感,从而形成具有一致性的虚拟社群,在追捧和消费网络人设过程中繁荣网络文化。

(三)依据化

网络人设是建立在一个真实的人的基础上,要有依据地挖掘某人身上的特征,而不是凭空创造的。可以充分结合自己的兴趣爱好,找到自身优势,最大限度地发挥自己的价值,以此将个人品牌塑造出独具代表性的品牌文化。要分析个人在面对用户时的优点和缺点,把自身属性中好的地方放大、不好的地方缩小,找到人设的不可替代性,找到与自我高度相关的鲜明特点,打造属于品牌独有的"标签"并建立与消费者情感一致的品牌定位,保持质量的长期稳定性。

三、网络人设打造路径

为了形成独特记忆点,这里有一个重要的概念叫超级符号。"超级"一词在被作为形容词而修饰另一名词时,往往意味着更高级,或者更大、更强。"符号"泛指事物的标记,已经成为人们生活中必须使用的信息传递工具,甚至可以说,符号简化了人类沟通交流的程序,整个社会的运转更加高效。而"超级符号"是文明长期发展形成的,在我们这个社会中人人都看得懂,可以对人的观念和行为产生控制和驱动力的隐藏能力,并且能按照它的指示做出特定行动反馈的"符号"。

(一)超级符号功能

传达指令功能。因为超级符号含义的共识,简单的符号可以形成强大且明确的指令,借助这种指令可以影响消费者的认知习惯,达到增进沟通的目的。例如"绿色=安全箭头=通过"。色彩和图形背后的共识信息,大幅提高管理识别效率。

图3.6　超级符号的功能

指称识别功能。每一种物体可以由属于它的符号来代替,人们通过符号来快速识别它,当某一符号可以快速与某一产品、理念、文化或品牌产生指代链接时,沟通的效率便大大提高。通过品牌符号识别品牌,降低品牌传播难度,看到A便联想到B,比如提到雷军,便想起小米手机,雷军就是小米手机的品牌超级符号。

浓缩信息功能。高效率地浓缩大量信息是符号的第三个功能,超级符号可以让信息的沟通更简单。例如人们看见某品牌标志时,就立马联想到此品牌背后所蕴含的品牌信息,如当看到红旗的标志时,会直接联想到红旗汽车,其背后所承载的高端、精密、卓越质感和驾驶性能等意义直观而显著。

超级符号的设计归根结底是创建独特记忆点。超级符号呈现在人们视野中时,人们往往能够仅凭直觉就联想到某一具体事物,甚至是一系列具体事物,所指对象与符号自身有较强关系,且明晰易懂。

(二)设计路径

在全媒体运营中,具体的设计方法有四种。首先,设计标志性台词,并不断重复它,例如朱一旦的"哎!有钱人的快乐,往往就是这么朴实无华且枯燥";李佳琦的"买它",他们的台词一直贯穿他们所拍摄的视频。其次,要设计标志性的动作或行为,凡是看过视频的人都能知道这个动作就是独属于他们的标签。再者,就是特色化的人物外表,例如永远揭不开的面具、满头的银长发,达人从开始的视频就是给用户这样一个独特的形象,并一直延续下去。实质上这种形象已经超越作品本身了,成为达人代表性的符号。最后,一定要巧用道具,道具其实也是在加深用户对一个人的形象认知来形成记忆符号。从用户第一次看到这个符号,到认知这个符号,最后熟悉这个符号,是一遍遍强化的结果,每一遍的强化就是一个堆量,当这个量级达到一定的程度时,用户就会彻底地记住这个符号。

第四章　内容体系策划与创作

各大平台快速发展,吸引了大量内容创作者。他们以流量的吸纳与变现为目标创建账号,主要以视听语言为载体进行内容创作。但创作者在流量红利的驱使下不断积聚,也导致创作者水平良莠不齐、创作理念混杂,甚至受众审美诉求也多种多样。如何厘清内容体系创作思路、快速跟进手法上的创新迭代,需要我们追根溯源并不断探索新的创作空间,本章重点从视频创作角度探讨内容体系的策划与创作。

第一节　内容策划

一、三类选题方向

无论选择哪个平台,选题都是核心。选题不仅决定内容的深度、广度,也决定着能不能得到用户的喜爱。最快捷的吸引方法莫过于满足用户需求,我们的目标群体是不同类型的用户,做出让用户真正想看的内容是内容运营者需要首先思考的问题。不论是本书中提及的哪类平台,好的选题方向通常会贴合以下三个指标。

图4.1　选题内容满足用户需求的要素

(一)有用:功能性选题

从广义上讲,电影、广播、电视、报纸、杂志等媒介行业都属于文化产业,也属于一种大众信息传播媒介。从视听作品中获取信息和知识是用户的观看动机之一。

用户的知识需求有两种存在形式:明显的和潜在的。当用户意识到他们需要从视听作品中获取知识时,这种需求是明显的;相反,用户并不主动、自觉地期望在视听作品中获得信息推广,这种需求是潜在的。有明显需求的用户会有意识地寻找自己想要观看的作品,而没有意识到自己潜在需求的用户也可以从中汲取知识。

在各类平台中有一种内容具有一定实用性,如学习教程、科普知识、生活妙招等,这些内容有可能给用户及其身边人带来帮助,所以也属于容易被用户转发的内容。运营者想提升实用性内容被传播的概率,需要注意以下两点。一是内容要具备专业性。运营者应避免输出未经求证的"伪科学"内容。内容的类型也应该与账号定位相符,避免同一账号经常发布不同领域的内容,从而使用户产生账号及内容不专业、不可信的感受。二是内容要贴合目标用户痛点。运营者除了注意内容应该具备专业性,还应该兼顾内容的实用性,内容需要与目标用户的需求相符合。如果过分追求专业性,导致内容过于深奥和晦涩,也会令用户"望而生畏",削弱其浏览欲望;如果内容过于简单或者用户看一遍就能马上学会,则可能降低内容被收藏的概率。

(二)有趣:娱乐性选题

视听作品用户最基本的观看动机是快乐,这是由人们深层的心理需求所决定的。这种深层的心理需求是一种游戏。游戏是人类古代史上最常见的活动,柏拉图假设游戏是人类安抚神灵的活动,所以他说:生活必须像游戏一样。但是视听作品作为一种精神消费产品的宣传属性不断受到诟病,而引导消费的娱乐属性却被不少人认同。

因此,考虑一个选题是否有爆款潜质,其中要思考的点是这个选题对用户来说是否有趣味性。幽默永远都是最受大众欢迎的类型之一,不管什么年龄段,什么性格的人都不会拒绝幽默有趣的视频内容,这贴合了人类追求快乐而避免痛苦的本能。创作者可以结合热点话题,提高内容的娱乐属性,进而通过制造悬念、营造冲突、标明地域,让选题更加吸引人。

(三)有共鸣:情感性选题

视听作品用户是一个社会群体,从众心理是群体心理的一个重要方面。从众是为了适应,而不是被疏远。全媒体时代广泛的传播效果使得作品本身很容易上升为文化事件。从作品内容和制作手法创新到达人的奇闻逸事,人们都可以谈论它。当朋友和家人谈论一个特定作品时,没有看过的人也会去看,以避免社交尴尬。由此可见,全媒体用户的观看行为并不是纯粹由个人需求所主导的,一定程度上受到周围社会群体的影响。因此,当用户看到一些能够表达其所想、引发其共鸣的内容时,常常会通过点赞、评论、转发等行为表达自己对内容所传达情绪或观点的认同,具体内容可以从以下三点进行策划。

一是表达节日期间的特殊情感。运营者可以利用特殊的节日,发布在特定情境下更容易引发用户共鸣的内容,进而带动内容的传播与扩散。例如,在国庆节表达爱国之情,在中秋节寄托思乡之情等。运营者在创作节日相关的内容时,可以注重情绪的表达和对用户共鸣的激发,提高内容被传播的概率。二是评论热点事件,抒发感慨。在一些社会热点事件中,用户也可能会产生一些比较普遍的情绪和观点。例如,在类似见义勇为等社会所提倡的正能量事件发生时,很多用户乐于表达自己对事件主人公的赞扬之情,这时候一些还原事件过程、赞扬主人公精神的内容就比较容易获得用户的转发。三是目标用户常见情绪表达。运营者还可以通过分析目标用户,找到在目标用户群体中可能常有的一些情绪。其中最容易火的内容之一就是吐槽类段子。当下年轻人的工作、生活压力都很大,在因各种原因不便发泄自己的不满情绪时,看到此类吐槽视频就容易引起他们的情感共鸣,从而获得更多的点击率。

二、六种呈现形式

全媒体平台的内容呈现形式多种多样,现主要归纳目前市面上具有高传播力的视频呈现形式,可以分为以下六种类型。

图4.2　全媒体平台内容呈现的六种形式

（一）视频/图文+配音

"视频/图文+配音"的方式被广泛应用。这包括实拍视频、动画、图片等多样的视觉元素,创作者依据视觉素材选择合适的听觉素材,以便于观众更好地领悟主题内容。此种方法能有效减少由文字语言向内心感知转换的时间,同时也能提高信息的密度。过去通过文字传达经验、技能等知识往往相对比较复杂,但借助短视频生动的呈现,其更易于被理解。

（二）现场出镜

现场出镜讲述的短视频类型占比也较高,尤其是旅行类、美食类、知识技能类赛道。在这种呈现形式中,人被置于视觉焦点,主播的语言和动作得到了放大,环境和关系的呈现被削弱。这种方式让人有与主播进行直接交流的体验,有助于缩小与用户间的距离,有利于建立与粉丝的联系,使用户能够享受沉浸式的体验。值得一提的是,出镜颜值只是一方面,更重要的是要找到能吸引大众的关键点,例如一些穿着白大褂的人去解说健康医疗,穿着西服的人讲述关于企业管理的知识,穿着休闲服装的人进行才艺表演,这些都是吸引大家的地方。

（三）真人采访

采访现场是新闻报道的常见方式,通过观察和对话等方式来收集能够引起关注且鲜有人知的消息。视频中也会通过采访来深度挖掘有价值的信息。特别需要指出的是,街头采访已经成为一种流行的视频展示方式,它的主题往往荒诞有趣。在挑选话题的时候,我们必须同时考虑到它是不是当前的热议焦点,并且有没有引发争论的可能性。在确定被访问者的过程中,为了提升视频的吸引力,最好寻找那些有独特个性和穿搭具有代表性的受访者。

（四）剧情演绎

剧情类视频是视频行业重要的内容品类,涌现了众多优秀的创作者和作品,该类视频通过将知识、热点等还原到具体的生活场景中,实现抽象的概念具象化。但近年来,也出现了部分剧情视频作品在网友及媒体传播、转载过程中,因为前后语境缺失引发误解,被误以为是真实事件,给网友和创作者都造成了不良影响。为进一步加强对虚假摆拍现象的治理,各类平台更新了关于演绎类作品的内容创作规则,要求创作者通过剧情演绎方式创作、发布虚构内容时,须在显著位置标注作品系演绎,避免作品被误解。

(五)创意剪辑

这一类视频没有字幕和解说,常常通过拍摄以及剪辑技巧吸引用户注意力。在这类视频中,剪辑的节奏对观感非常重要,通过合理地调整剪辑速度和过渡效果,让视频的节奏紧凑有力,运用缩放、特写等手法,突出视频中的重点画面或信息,让观众更加关注创作者想要传达的内容,增强视频的表现力。除此之外,通常应选择适合视频氛围和内容的背景音乐,以及合理调整音效和对话音量,使音频和视频相辅相成,创造出更具感染力的视听效果。同时在视频中加入创意文字和动画元素,可以增加趣味性,同时强化关键信息的传达。

(六)综合运用

部分短视频或中视频会综合运用以上几种形式进行呈现。比如,在"跟我去都匀"的城市形象宣传片里,看到了多种呈现形式的融合,有"视频+配音"、现场出镜、真人采访、情景演绎、创意剪辑等手法,整个视频时长3分26秒,共包含了147个镜头,其中运动镜头达到136余次。这种丰富的镜头运动大大增强了画面动感,成为这个视频的主要特点之一。通过使用推、拉、摇、移、跟等镜头运动方式,我们可以看到整体和局部的风景相互切换,展示了都匀生动包容的一面,从而进一步强化内容对观众的吸引力。

三、三种文案策略

文案的目的是通过文字来展示和传达特定的创意策略,以吸引读者的注意、兴趣和购买欲望。文案策略主要有悬念策略、警示策略、互动策略等。适当的文案策略有助于增强视频的传播能力。

(一)悬念策略

在各类文案中,利用悬念手法进行创作的数量最大,这类文字内容通常会用设置悬念的方式激发观众的好奇心和探索精神。这一方法的使用主要分为两类:一为以提问的句式出现;二是包含一些吸引眼球的关键词,如"揭秘""居然"等等,同时也会使用感叹号和省略号来增强其效果。但是在实际应用中,如果滥用悬念、刻意夸大、混淆概念,虽然常常会使用户对视频内容产生很高的期待,但用户点击后却发现内容与标题联系不大与预期不符合,使用户产生巨大的心理落差和负面反馈,从长远来看不利于视频的持续传播。

(二)警示策略

警示策略与大众传播中的恐惧诉求相似,它是一种旨在影响公众观点的方式。这种手段通常会展示可能对个体造成伤害或威胁的事物,以此激发人们的焦虑感和紧迫感,从而推动他们采取防范措施及自我保全。这类文章常常包含一些预警性的词语,比如"需留意""务必阅读"或者"小心谨慎"等等,同时也会利用惊叹号来刺激读者的情感反应,尤其是在当前高速的信息传递系统和大量信息的背景之下,带有恐惧诉求的文案更易引起用户的关注和讨论。

(三)互动策略

这种方法一般采用第二人称的方式,通过交流式的语气,站在用户的角度来阐述,隐性地诱导他们到评论区参加互动,以提升粉丝们的积极程度。比如:"经常被误解吗?""你们认为它是如何产生的呢?""快来@..."等。通过互动使用户隔着屏幕与创作者产生交流感,进而引发点赞、转发、评论等行为。

第二节　拍摄手法

视听语言就是结合画面的视觉感受,再配以声音的听觉感受从而构成的一种"剪辑的艺术",不只是电影,电视、新媒体等影像产物都运用了视听语言。语言必然有语法,这便是我们所熟知的各种镜头调度的方法和各种音乐运用的技巧。全媒体的内容生产基于传统音视频的创作逻辑,但又在传统音视频的创作模式上有了新的发展和创新。

一、竖屏适应观看习惯

随着网络技术的进步,消费者正逐渐由电脑转向智能手机,无论是休闲还是社交活动都在手机上展开。因此,适合手机观赏的垂直式影片格式已然成为一种发展的必然趋势。传统的影视作品往往需要借助专业的摄影器材来制作,其拍摄技巧的要求也相对严格,且主要采用16∶9或4∶3等横向比例的视频播放方式。然而,短视频却可以通过手机实现垂直式的拍摄,使得整个画面的内容完全填充到手机屏幕中,观众只需手持手机就能欣赏,无须调整手机的角度来扩大视频画面。这种垂直式的短视频更符合人们零散的时间安排,因为它们的时间较短,方便用户迅速获得资讯并享受直接的视觉体验[①]。

值得一提的是,2021年B站在主站中也推出了竖屏模式短视频Story-Mode。B站的竖屏视频持续为其带来了新的播放量增长,当年其日均播放量比去年提高了超过400%。一个小小的改动,降低了创作者的创作成本,降低了用户的观看门槛,可以看出,B站这样原本以横屏为特点的平台也开始对竖屏模式的发展寄予厚望。

二、小景别突出主体质感

景别的大小,取决于摄像机与目标物体的间隔以及使用镜头焦距的长度。不同景别的画面在人的生理和心理感受上都会呈现出各异的影响和体验。景别越大,环境元素也就越丰富。景别越小,强调因素越多。视觉效果是通过景别产生的,各种不同的景别会带来独特的艺术表现。具体而言,景别可以分为远景、全景、中景、近景、特写五类。

图4.3　画面的展现方式

相对于传统的宽屏幕和大场景的深度广度及空间感知,竖屏短片的空间体验相对较为微弱,更倾向于使用中近景来呈现内容。画面的局限性导致环境要素减少,使得主要对象能占有更多的显示区域并更加引人注目。其中,许多以人物为主体的影片会选择中近景的角度,以便更好地展示他们的手势和面部的细微动作,有利于其姿态和细节的表现,同时小景别的人物拍摄能够拉近视觉距离,增强与观众的交流感,形成情感上的共鸣。

---

① 闻晓彤.抖音短视频镜头语言运用与创新[J].新闻传播,2021(24):46-47.

三、运镜提升画面动感

　　运镜,即运动镜头,是指在一个画面中通过调整角度、改变方向或者调节焦距等手段捕捉到运动的影像画面。运镜来自传统视听语言创作中的镜头调度手法。在影视摄影工作中,镜头运动分为"镜内运动"和"镜外运动",当下短视频创作中常用的运镜,则是来自镜头调度中的"镜外运动"。不同的运镜表达着不同的情绪,它们有时承担着段落的起承转合、暗示后续剧情、加强沉浸感、推动观众联想等作用,有时也对空间和时间具有重新塑造的作用。运镜在我国的摄影摄像教材中大多归类为一个口诀:推、拉、摇、移、跟、升降,也有更明确地根据器材类型做了划分,例如轨道运动、摇臂运动、斯坦尼康运动等。

图4.4　运镜的方法

　　运动镜头是一个连续记录的过程,记录的主体可以是静止的,也可以是运动的。传统的影视制作方式往往倾向于使用稳定器来保持画面的平衡和一致性,而短视频则打破这一惯例,更偏向采用快速切换、不断变动的视角去展示事件的发展进程,从而吸引观看者的注意力和兴趣点。同时,运动镜头可以在一个镜头内涵盖更多信息,避免过多的后期剪辑,符合普通用户的创作习惯。

四、轻量器材便于操作

　　随着拍摄器材迭代升级,拍摄器材的选择也越来越多元化,在选择设备时并不是越贵的机器越好,而是根据自己的财力和需要选择真正适合的设备。

(一)摄像机的选择

1.入门级

　　当前许多手机的拍摄质量已经可以满足多数短视频的要求。比如iPhoneX、华为mate30以后的机型等。入门级设备的优点是便捷,随时随地可以拍摄。缺点则是感光低、防抖效果一般等。

2.进阶级

大疆 Action 和 Gopro8,两者都属于运动相机,便于携带;大疆 Pocket 自带机械稳定云台的拍摄设备,机械防抖性能强。这些设备比较适合拍摄相对专业的图片与视频,相对入门级的手机设备感光度增强,但缺点是会牺牲 cmos 感光元件的面积,导致感光低,不适合暗光环境拍摄。

3.专业级

索尼黑卡 7,性能可以与单反、微单相媲美,伸缩镜头焦段广,便于携带;松下GH5S,视频宽容度高,后期调整范围大;索尼 A7S3,是摄像功能最全面的全画幅微单相机之一,根据拍摄需要再选配镜头。这几种设备的成像效果会更好,选配大光圈镜头可以拍摄出背景虚化的唯美画面,许多剧情类视频就用这种设备拍摄。但缺点就是体积稍大,携带不便,而且机身和镜头价格比较昂贵。

(二)常见的辅助器材

1.三脚架/手持云台

三脚架和手持云台是解决画面抖动的利器,通过机身马达和旋转轴来控制相机移动和旋转,配合手法可以实现摇臂、滑轨等效果。

2.LED 平板补光灯

LED 平板补光灯重量轻,体积较小,便于携带。自拍或直播时还可以选择环形补光灯。

3.常用麦克风

手机麦克:手机耳麦,收音范围小,放在嘴边比较适合录制人声,而不会录到周围的环境噪声,适合多种场景,可以弥补自带麦克音质的不足。挂机麦:例如罗德VIDEOMIC Pro+Plus,机身背面有参数调节按钮,可以在很多的拍摄场景中使用。无线领夹麦:例如索尼 D11,无线小蜜蜂一般应用在采访或情景对话中,两人对话场景可选择一拖二小蜜蜂。

第三节　剪辑技巧

一、创新剪辑思路

剪辑,就是将音视频制作中所拍摄的大量素材经过选择、取舍、分解与组接,最终完成一个连贯流畅、含义明确、主题鲜明并有艺术感染力的视听作品。不论是哪种视听作品,都要满足剪辑的六种要素。

信息　　动机　　镜头构图　　摄影机角度　　连贯　　声音

图 4.5　剪辑的关键要素

- 信息:新的镜头应该给观众呈现新的信息。
- 动机:从一个镜头转到另一个镜头总有动机,这种动机可以是视觉动机,也可以是听觉动机。
- 镜头构图:镜头构图是剪辑师考虑切入或切出镜头时的一个重要因素。
- 摄影机角度:对"恰到好处"地剪辑在一起的两个镜头而言,拍摄时的摄影机角度必定存在合理的差异,即避免"同景别切换"。剪辑师要在剪辑时将水平角度相距大于30°不同的镜头顺次排列。
- 连贯:包含内容连贯、动作连贯、位置连贯、声音连贯。
- 声音:声音可以与画面相匹配,也可以不匹配,不同声音的运用可以传达和渲染人物不同的心理,为接下来的剪辑做铺垫。声音先于画面或画面先于声音的剪辑实践被称为拆分剪辑、L剪切或叠加。

在全媒体环境中,音频和视频剪辑技术的思考应与时俱进,持续改进。剪辑者必须具备更为开阔、前沿、时尚、勇敢、颠覆、超越常规且令人惊讶的创新意识。作为短视频制作过程中的关键角色,剪辑师要利用其剪辑技巧,深入了解拍摄素材,并在剪辑过程中运用互联网思维和广泛的网络文化知识,从短视频使用者的视角筛选素材,采用更为开放、灵活、大胆的方式来处理视频,凭借个人独有的艺术感知能力营造浓厚的艺术气氛。受到网络亚文化的影响,短视频往往情感震撼力强,剧情复杂多变,表现手法各异,节奏跌宕起伏,冲突尖锐激烈,从而更容易吸引观众。所以,在做短视频剪辑的时候,我们应该跳出传统思维框架,适度拓展思路产生新的创意点子并将之融入剪辑工作中,推动短视频剪辑走向多元化的道路。

二、变速节奏剪辑

影视作品的高潮段落经常使用"升格"和"降格"的技巧,即慢动作和快动作效果。同一个镜头也可以通过帧率改变来实现时间呈现的变化。短视频时代,创作者将其称为"变速",快动作、慢动作的切换也更加频繁,视觉效果逐渐丰富,同时剪辑软件的发展也可以实现更加流畅的帧率变化。"新鲜感"是短视频创作的核心竞争力。"变速"技巧主要针对的是短视频的属性,因此受到创作者青睐。短视频算法要求视频内容以新颖、多变、创新为核心目标,而变速是有效调整视觉节奏、迎合观众情感节奏、吸引观众注意力的有效手段。

创作者可以运用两种方法来保证视频节奏的创新性,一是镜头内部的微观层面,二是作品整体节奏变化的宏观层面。为适应快速的信息需求,视频制作者必须迅速地抓住观众的注意力并在短暂时间内留下印象,通常他们会运用较快的镜头节奏,以实现短时间内的信息输出,提高作品的浏览量和完播率。背景音效对视频的重要性不容忽视,通过跟随音乐节奏调整画面的变化,也就是所谓的"卡点"视频成了短视频中一种典型的制作模式。这种方法能使视频根据音乐的旋律不断更换画面元素,强化其节奏性和和谐度,同时也使得镜头的高频率转换带来持久的新颖体验。

三、转场技巧应用

转场是短视频创作中用于镜头转换的基本技巧,这一技术实质上是影视创作中"剪辑"技术体系的延伸。短视频中的转场,沿用了影视创作中的部分手法,例如短视频中的"遮挡转场""天空转场"等手法,均来自影视创作中的"遮罩转场",而

"遮罩转场"则发展自传统影视剪辑中的"划像"手法。短视频时代,转场成了展示作者创作技巧的机会,视频创作者更多运用这些手法来展现自己的创作技巧和创意,因此"转场"本身则成了创作者交流的关键点。从"杂耍"的遮盖到"炫技"的展示,在短视频的舞台上,影像语言逐渐和画面内容一起走到"台前"。

(一)无技巧转场

(1)两极镜头转场,强调对比。

(2)同景别转场,观众注意力集中,场面过渡衔接紧凑。

(3)特写转场,又被称为"万能镜头"。

(4)声音转场,用音乐、音响、解说词、对白等和画面的配合实现转场。

(5)空镜头转场,空镜头转场具有一种明显的间隔效果,用来渲染气氛,刻画心理,另外也为了叙事的需要,表现时间、地点、季节变化等。

(6)封挡镜头转场,封挡是指画面上的运动主体在运动过程中挡死了镜头,使得观众无法从镜头中辨别出被摄对象的性质、形状和质地等物理性能。

(7)相似体转场,非同一个但同一类或非同一类但有造型上的相似性。

(8)地点转场,满足场景的转换。

(9)运动镜头转场,摄影机不动,主体运动;或摄像机运动,主体不动。

(10)同一主体转场,前后两个场景用同一物体来衔接,前后镜头有一种承接关系。

(11)出画入画转场,前一个场景的最后一个镜头走出画面,后一个场景的第一个镜头主体走入画面。

(12)逻辑因素转场,前后镜头具有因果、呼应、并列、递进、转折等逻辑关系,这样的转场合理自然,有理有据。

(二)技巧转场

技巧转场可以理解为用剪辑软件添加的特效转场效果:

(1)淡入淡出,给人一种间歇感。

(2)缓淡减慢,强调抒情、回忆等情绪,可以放慢渐隐速度或添加黑场。

(3)闪白加快,可以有效遮掩镜头剪辑点,增加视觉的跳动感。

(4)划像,一般用于两个内容意义差别较大的段落转换。

(5)翻转,用于对比性或对照性较强的两个段落。

（6）定格，将画面运动主体突然变为静止状态，其作用一方面强调某一主体的形象、细节，另一方面可以制造悬念表达主观感受，还可以强调视觉冲击力，一般用于片尾或较大段落结尾。

（7）叠化，一是用于时间的转换，表示时间的消逝；二是用于空间的转换，表示空间已发生变化；三是用叠化表现梦境、想象、回忆等插叙和回叙等场合。

（8）多画屏分割，产生空间并列对比的艺术效果，通过多画屏分割的有机运用来对列、深化内涵。

四、掌握剪辑软件

剪辑是一门艺术，它需要把握画面的美感、节奏和氛围，以及根据影片的整体风格和主题进行创造性剪辑。但是剪辑也是一种技术，它是影视制作中的一个技术工种，它需要掌握剪辑软件的使用技巧，以及相关的技术手段和工具。目前市面上的剪辑软件层出不穷，实质上所有剪辑软件的核心内容都是相似的，但服务对象和模块设置略有不同。

（一）必剪 App

必剪是 B 站发布的一款视频编辑 App。该产品定位是一款"年轻人都在用的剪辑工具"。必剪作为一款不少 UP 主都在用的手机端剪辑软件，其能够创建属于视频剪辑者的专属虚拟形象，实现零成本做虚拟 UP 主，还可实现高清录屏、游戏高光识别、神配图、封面智能抠图、视频模板、封面模板、批量粗剪等功能。该软件还有一个重要功能是"一键投稿"，支持投稿免流量，B 站账号互通。

（二）剪映 App

剪映是字节跳动官方推出的一款手机视频编辑剪辑应用，带有较为全面的剪辑功能，支持变速，有多样滤镜和美颜的效果，有丰富的曲库资源。自 2021 年 2 月起，剪映支持在手机移动端、Pad 端、Mac 电脑、Windows 电脑全终端使用。

（三）快影 App

快影是北京快手科技有限公司旗下一款简单易用的视频拍摄、剪辑工具。和剪映非常接近，也是功能非常完善的一款手机剪辑软件，对于喜欢在快手发布短视频的博主，快影可以作为首选。通过快影剪辑上传，可以在快手上传长达 10 分钟的视频,对于有 vlog 或较长视频制作需求的博主来说,快影更能满足创作需求。

(四)秒剪 App

秒剪是腾讯官方出品的一款软件,该产品的定位是"让每个人都可轻松制作视频的工具",它的核心功能为智能剪辑,自动截取素材高光内容与音乐节奏卡点,综合来看这款剪辑软件的界面相对简单,操作更便捷。

(五)Wink App

Wink 是美图公司推出的一款手机视频创作工具,主打视频美容、画质修复等功能。2023 年 6 月,Wink 推出桌面版 Wink Studio。其核心功能是一键美颜,通过包装不同的美颜风格,用户选中任一风格后即可一键对皮肤、妆容、五官等进行调整。支持一键套用全脸妆容,根据用户实际需求对局部妆容进行调整。

第四节　算法匹配

运营者通过数据分析可以评估内容运营的效果,根据对不同数据的分析,对内容运营各个环节的效果做出有效判断。运营者可以根据实际情况选择需要重点关注的数据,一般而言,常见的内容运营中需要关注的数据有以下五种。

一、内容点击率

内容点击率是指某一内容被点击的次数与被显示次数之比,点击率越高,说明内容对用户的吸引力越强。用户只有点击了内容,才能完成内容观看、互动、关注、转发、购买等一系列动作。所以,提升点击率,是内容运营过程中非常重要的一环。

各平台对内容的 UI 界面展示方式不同,所以影响内容点击率的因素也可能不同,常见的界面有列表流、卡片流、瀑布流、FEED 流等形式,它们分别有各自的优缺点。例如,以小红书为代表的瀑布流上会重点展示笔记的封面,封面图在主页整个页面中的占比较大,对点击率会产生较大的影响,小红书平台账号的运营者就需要重点对笔记封面做优化。但在以抖音为代表的 FEED 流上,封面图在推送页面中的占比较小,重点展示的是内容的标题,一个简短、有吸引力的文案能大幅提升内容的点击率。

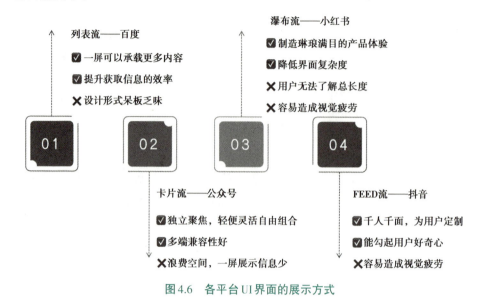

图4.6 各平台UI界面的展示方式

二、视频完播率

完播率是衡量内容质量的重要指标之一,是指在所有浏览某一视频或图文内容的用户中,完整观看全部内容的用户比例。完播率越高,运营者通过内容运营达成运营目标的可能性就越大,所以运营者需要尽量提升内容的完播率。一般而言,影响完播率的因素主要有三个。

(一)内容质量

用户对内容的后半部分越期待,看完完整内容的可能性则越高。所以,运营者可以在标题或内容的开头为用户制造期待,在内容的多处位置留下"钩子",以提升内容的完播率。例如,有的视频会在视频开头处向用户介绍整个视频分为几个部分,每个部分分别在第几分钟,让用户对完整的视频内容有所了解,如果视频的后半部分有用户感兴趣的内容,则视频的完播率会比较高。

(二)内容长度

内容长短直接关系到用户浏览时间的长短。如果内容的篇幅过长,有可能会导致完播率降低;如果内容的篇幅过短,也可能会导致内容质量的降低。不同平台适合的内容长度不同,例如,将一个5分钟的中视频分别投放于B站和抖音,该条视频在 B 站的完播率大概率会高于抖音。运营者在确定内容定位时,就要为发布在不同平台上的内容规划一个相对合理的长度。

(三)内容精准度

不同类型的用户会对内容有不同的偏好,向过多的非目标用户推送内容,也会影响内容的完播率。运营者想要提升目标用户的精准度,就要围绕内容定位时所确定的垂直领域创作和发布内容。垂直领域的内容更容易吸引对该领域感兴趣的用户,平台也会对账号长期以来发布的内容进行分析,给账号打标签,便于后续将该账号的内容推送给更多拥有同类型标签的陌生用户。由此可见,标签越明确,内容的精准度越高,越容易吸引精准的目标用户。如果运营者频繁更改账号定位与内容方向,则不利于吸引精准用户,内容的完播率也会因此降低。

三、页面互动率

互动率是指在观看内容的用户中,完成了点赞、收藏、评论等互动动作的用户比例。互动数据是用户观看内容之后的反馈,能帮助运营者判断内容质量,了解用户的偏好及想法,以便更好地优化内容。另外,有部分平台会以用户互动情况作为判断内容质量高低的依据,对互动数据较好的内容给予更多的流量,所以运营者可以通过提升用户互动率来增加内容的曝光机会。

四、粉丝增长数

粉丝能为企业的产品带来大量的转化。运营者在运营工作中需要经常关注粉丝的增长情况,在内容发布后,运营者也可以根据粉丝的增长情况判断内容质量,粉丝的增长速度通常与内容质量呈正相关关系。如果内容的曝光量、互动量都比较理想,粉丝增长速度却比较缓慢,运营者可以考虑从以下三个方面进行优化。

一是保持稳定的更新。用户关注一个账号的主要目的是希望之后能看到类似的内容。以稳定频率持续更新高质量内容的账号,更有被关注的价值。二是发布垂直领域的内容。用户在关注账号前可能会点击进入账号的主页观看账号之前发布的内容。如果账号发布的内容类型杂乱或主题过多,用户所感兴趣的内容占比过少,同样难以吸引用户关注账号并成为粉丝。三是形成自己的风格和特点。在内容同质化严重的当下,用户对太过相似的内容会产生"审美疲劳",账号内容拥有自己独特的风格和特点,则更容易让用户对账号产生好感。

五、购买转化率

购买转化率是指在看到内容的用户中,最终完成了产品购买的用户比例,购买转化率直接影响企业的收益。购买转化率通常以百分比表示,计算公式为:购买转化率=实际购买人数/潜在顾客人数×100%,其中,实际购买人数是完成购买行为的顾客数量,访客人数是访问网站或参与营销活动的潜在顾客数量。购买转化率受很多因素的影响,如选品、价格、产品文案等。想提升购买转化率,只关注最后的转化结果是不够的,运营者还需要关注用户购买路径中每个节点的数据。转化率一般都在3%~5%之间,即100个人里有3~5个人买了产品,通过转化率可以看出哪些账号转化得较好。

第五章　矩阵体系搭建与运营

第一节　矩阵基础认知

一、账号矩阵定义

矩阵作为数学领域中的名词,它的含义是一种按照长方阵列排列的复数或实数集合。它是数学、物理、计算机等学科领域经常会用到的有效算法之一。但同时矩阵也被逐渐用于商业营销、管理、网络等其他领域,它的含义随之发生改变。"矩阵"在中文中的含义可以将其分开理解,"矩"本义是矩尺,画直角或方形的工具,还具有法度、规则的含义;"阵"本义是指两军交战时队伍的战斗队形,是军队作战布置的局势,动词的"阵"有列阵、布局的含义。虽然矩阵在各个领域的含义不尽相同,但是其有一个相同的特征:通过对数据、因素进行有序、有规则的排列布局,使各个因素之间相互联系、组合、贯通,从而组建成一个共同作用的体系。

媒体矩阵在实际工作中的运用非常广泛,且在商业、新闻传媒、国家会议、学习等领域都取得了有效成绩。如2015年成立的国内首家企业级新媒体联盟"万达新媒体联盟",其涵盖集团及下属系统共有451个微信号、404个微博号、510个员工微信群,覆盖上亿人群,形成随时联动、一呼百应的新媒体矩阵传播形式,为万达集团的营销传播工作发挥了巨大的作用。

技术的持续进步使得搭建账号矩阵不仅仅影响着信息传递的路径和工具,同时也对商业模式产生了深远的影响。过去,传统营销主要关注"触及数量"或称为"曝光度",比如以前通过杂志做推广时,关注的焦点是杂志的发行规模;在电视台播放广告时更重视收视率;而网络媒体则是以访问次数为核心指标。所有这些渠道都由平台方单向进行宣传,用户无法有效地同品牌互动。然而就商业而言,全媒体矩阵表现为通过相互联合、集结内外部优质资源、凝聚品牌文化力量形成多平台、连续发布运营、全方面覆盖的商业营销宣传格局,以此获得更多的关注、消费、反响和知名度。

二、账号矩阵分类

运营者利用全媒体矩阵进行宣传,增强了信息的交互性、创新性、相关性、独特性和用户体验感,同时也大幅降低了工作成本,使效果翻倍。目前,媒体矩阵的呈现方式主要有两种,一种是横向矩阵,即品牌在全网络媒体平台上进行全面布局,包括创建自己的网站、App以及在各种平台上建立账号,比如抖音、微博、微信、今日头条等。如某企业有一个官方号,并且在小红书、订阅号、知乎、百家号、头条等都开设有官方账号,这是一种全媒体平台矩阵。横向矩阵的特点使它具备跨平台特性,在关键时刻能实现最大范围内的平台联动,整合资源优势,但前提是要熟悉各大平台的特点和已有用户群体的特性。

另一种方式是纵向矩阵,这意味着公司在某一特定的媒体平台上建立自己的媒体生态系统,不断探索和深度布局自身的媒体产品线,从而使得媒体平台能够进行纵向扩展。比如某企业(以培训学校举例)有一个官方号,还有一个该公司某位授课讲师人设账号,还有若干个学生人设账号,等等。纵向矩阵能够加深营销主体的纵深感,在同一平台内部通过创建不同类型的账号来提升用户的触达率。

全方位多渠道宣传策略突破了传统的单一信息传递屏障,不仅关注于精确的目标流量,更注重对访客来源、时间、偏好、年龄、地理位置及日常消费行为的理解。此外,它能高效快捷地构建出实时的互动交流平台,以便及时把握客户对品牌的看法和喜好度,并转化为潜在顾客的长期记忆,这有助于提升产品的品质和服务水平。

三、账号矩阵管理

横向矩阵通常要根据品牌定位,结合不同平台用户画像进行账号搭建。而纵向矩阵则非常讲究,因为不同的账号需要不同的人设。通常一家企业的矩阵搭建需要创建四种类型的矩阵账号:官方号+区域号+专家号+素人号。

图5.1 矩阵账号类型

(一)官方号矩阵

官方号通常是直接用品牌名称注册的账号,用户首先通过它认识这个品牌,所以做好官方号非常重要。官方号的人设是由内容和选题、写作语言决定的。在官方号的分支中可以根据产品再细分,例如餐饮公司可以根据不同产品,开通小吃、宴请、送到家账号;根据不同模式,开通零售、代理等账号。

(二)区域号矩阵

区域号是根据不同地理位置开设的账号,例如上海消防、山西消防、陕西消防等均属于消防体系的矩阵账号;再如JW万豪酒店分别在成都、西安、上海、广州等地开设账号。其用户人群主要按地点划分,内容具有地域特征。

(三)专家号矩阵

官方号一般是以官方的表达方式直接推出产品,而权威个人号语言上会以"权威他者的视角"去探讨问题,而且都是提及相关知识时顺带提到产品。比如某培训学校可以开设一个品牌官方号,同时开设一个该公司某位授课讲师账号,通过讲述带出过许多高考状元这样的优秀经历,使分享内容更有说服力。

(四)素人号矩阵

素人号是在自己官方账号基础上,签约助力自己账号营销宣传的同类型素人账号。素人号模拟的是目标客户的真实账号,它必须要打造出真实丰满的人设,展示出在生活中真实去体验到了产品的内容。比如该学校已毕业的某学长的素人号,会定位成一个在这里学习成功考入某名牌大学的真实用户,在知乎提问中回答关于该培训学校怎么样、是否专业的问题,以亲身经历的口吻提到关于该校的课程、管理等具体情况。

总之,在精力有限的情况下,可以选择一个官方账号人设,多平台运营;在精力和人员比较充足的时候,就可以创建"官方号+区域号+专家号+素人号"的矩阵多渠道运营,这样更容易提高整个产品在渠道的曝光度。

第二节　矩阵组建方法

一、矩阵组建原则

组建全媒体矩阵一般遵循以下三个原则:协同效应原则、流量覆盖原则、IP向心原则。

(一)协同效应原则

协同效应原则追求账号的互补性。以集群式矩阵为例,品牌若要在全媒体平台进行营销传播活动,可通过不同主体多层次分发与互动,不同触点传播品牌独特人格,定制不同的传播策略,形成协同效应,最终实现集中式爆发、快速破圈、人群资产沉淀,从而完成营销目标。

(二)流量覆盖原则

流量最大原则追求流量的覆盖性。单个账号吸引的人群有限,多个账号形成矩阵,吸引的人群可能是单个账号的数倍。以华为放射式矩阵为例,品牌账号华为吸引的人群是广泛的,包括企业领导者、科技爱好者、大学生群体、财经爱好者等;而华为5G账号吸引的人群更垂直,可能是直接对5G应用、5G发展感兴趣的人群;华为数字新能源账号吸引的可能是只对数字新能源感兴趣的人群。可见,不同账号之间由于自身的独特性,吸引的人群不一致,彼此形成矩阵流量的覆盖面更广。

(三)IP向心原则

IP向心原则追求最高目标的一致性。每个账号都有明确的目标,是在内容战略目标指导下,具体细分到每个账号要完成的任务。虽然各自任务不同,但归根结底是要为全媒体内容战略目标赋能。以向心式矩阵为例,美的空调、美的破壁机、美的冰箱等产品账号的主要目标是助推产品销售,同时也要为主账号美的导流,提升其品牌影响力。

二、矩阵组建步骤

品牌可依据制订运营目标、描绘用户画像、评估品牌现状、研究对标矩阵、确定矩阵类型、规划执行方案六个步骤组建全媒体矩阵。

(一)制订运营目标

制订运营目标要在全媒体内容战略目标的指导下进行,一般而言,运营目标包括品牌宣传、获取客户线索、销售转化、弥补现有营销缺陷、广告曝光等。例如,品牌宣传即通过矩阵提高品牌在用户面前出现的频率,以直接或间接方式将品牌植入用户心中,提高品牌知名度、美誉度、粉丝忠诚度;获取客户线索即通过矩阵的杠杆作用,撬动优质内容流量;销售转化即通过矩阵实现产品线上线下同步产品销售。运营目标之间并非界限分明,彼此可进行互换、共进或互补。在矩阵阶段性发展中,不同阶段可以有不同的目标,如第一个阶段以品牌宣传为主,其他目标为辅;第二个阶段以获取客户线索为主;第三个阶段以销售转化为主。

(二)描绘用户画像

品牌需要详细分析用户的需求、喜好、分布情况等,进而明确阐述用户特征,辅助企业选择合适的矩阵。不同平台聚集的用户是不一样的,从使用习惯来看,大部分用户通过微信公众号接收重要信息,通过抖音记录生活片段,通过小红书搜索与生活、工作、旅游等相关的攻略,通过微博实时获取热点。从性别分布来看,小红书上女性属性最强,其他平台分布较为均衡,因此,目标人群为女性用户的企业可以围绕小红书平台进行矩阵化运营。

(三)评估品牌现状

评估品牌现状可从品牌发展阶段、战略业务单位、业务组合三个方面进行,从而得出适合品牌发展阶段、业务需求的全媒体矩阵类型。

品牌发展有四个阶段,分别是初创期、成长期、成熟期和衰落期。每个阶段建设的全媒体矩阵不同,如企业初创期资金、人才不足,适合单平台矩阵、并列式矩阵;成长期已积累了一些资金、人才,适合多平台矩阵、集群式矩阵;成熟期资金、人才比较充足,适合放射式矩阵、向心式矩阵,甚至多矩阵同时布局。因此,品牌在组建全媒体矩阵前,需要系统梳理发展阶段、预估投入的资金、人才、时间、现有全媒体账号运营情况等内容。

(四)研究对标矩阵

研究对标矩阵并不是处于同一行业或属于同一类型的企业就是合适的对标对象,做得好的矩阵也不一定是对标矩阵。因此,与自身实力相近却形成矩阵化运营的矩阵才是合适的对标矩阵。

研究对标矩阵时,主要从选择类型、运营目标、布局情况、账号定位、内容方向、运营习惯、呈现方式等维度入手。通过研究,做到知己知彼,而后实现差异化矩阵组建。组建差异化矩阵可从矩阵类型、矩阵内容、矩阵运营、矩阵管理四个方面进行。一是区别于现有的同赛道矩阵类型,企业可通过组合、拆分形成自身独特的矩阵类型。二是区别于其他矩阵的内容选题、内容呈现,在内容方面做到人无我有,人有我优。三是通过外部聘用优秀的运营人员或内部培训运营人员,提高运营能力以获取差别优势。四是通过人工智能工具、管理系统等方式,实现管理优势。

(五)确定矩阵类型

确定矩阵类型要以运营目标为核心,参考对标矩阵,综合考虑用户画像及企业现状。如运营目标是促进产品销售,目标用户为女性群体,企业处于初创期,对标矩阵布局小红书并采用并列式矩阵,此时可选择在小红书平台组建单平台多账号矩阵。又如,运营目标为品牌宣传,目标用户为年轻人,企业处于成熟期,有较多产品组合,企业可以选择多平台多账号矩阵。

(六)规划执行方案

规划执行方案通常包括账号基建、账号定位、内容生产、划分矩阵发展阶段、付费投流计划、监测改进等内容。执行方案应是具体可执行的内容。例如,账号基建包括矩阵内每个账号的昵称、头像、简介、背景图等设置,账号间要具备相关性。常见的昵称相关性是在每个账号昵称前加上主品牌的名称,如华为云、华为数字能源、华为5G等。常见的简介相关性是附上其他账号的ID,如主账号附上子账号的ID。再如,划分矩阵阶段时,需要制订发展计划,包括矩阵第一阶段需要实现的目标、具体路径、预期效果、备用方案等;第二阶段如何进行维护扩展;第三阶段如何实现矩阵运营体系化、成熟化等。

在流量越来越贵,存量竞争的情况下,企业组建矩阵可以实现内容多元化,降低运营风险,提高商业价值,满足用户多样需求,强化用户印象,降低用户搜索成本。企业应根据自身情况,用心组建全媒体矩阵。

第三节　矩阵流量价值

一、流量价值基础认知

车流和行人经过特定地点的数量,也就是我们所说的交通流量。在网络环境中,流量可以被理解为在一个特定的时段里人们对某个网页浏览次数的总数。流量反映了人们的关注度,即所有能吸引人注意力的内容都会自动产生商业推广潜力。无论是看电视、读报纸或者听收音机,还是现在的各种应用程序,这个规律都是适用的。

图5.2　流量与商机

值得一提的是,流量与流量价值并不能划等号。流量的重要性体现在其所带来的商机上,从价值评判角度出发,关键在于数量和质量的综合考量。一种基础性的价值计算方式为:流量价值=流量可交易指数×流量质量。对于开发者而言,必须明确了解流量盈利的增长源泉,并对变现驱动力精确追溯。总体来看,决定变现收益的主要因素有两点:流量规模和变现效率。

从产品商业化的宏观过程来看,以往通常的做法是以追求流量规模作为首要任务,然后才是寻求流量变现。然而,当前阶段,针对产品经理,在项目开始时,需要深入理解流量形式、流量规模、流量质量,预先制定出商业化策略和操作流程,这样才有可能更好地进行产品设计;而对于经营团队成员,当他们正在扩大流量规模的同时,应考虑使用带投资回报率思维来同时实现变现,寻找具有高变现效益的客户群体并对其分类处理,以此提高平均每用户收入和总收益。

从产品商业化的微观实操来看,针对影响流量收益与流量成本的核心因素,进一步细化与分析核心数据指标,以便更好地理解这些数值如何推动业务发展。利用这些信息来调整策略,从而提高盈利能力、增加广告投放的效果。

二、常见流量获取方式

(一)免费引流方式

一般来说,获取流量的途径主要有两种:免费运营和付费投放。如果预算不足,或者只需要很小的成本就能获得流量,那么常见的有四种流量获取方法。[①]

1.内容引流

内容引流即在特定内容平台上,通过发布内容来获得平台的展示、推荐和曝光,最终实现流量获取,常见于各种大型新媒体、社会化媒体、大型内容消费平台,如抖音、小红书、微信公众号、B站等。

2.裂变引流

裂变引流即以社交网络为载体,通过设置合理的诱饵,让用户帮助你转发、推荐,从而获得流量,最常见的形式是各种有奖转发、拼团、推荐即送等。裂变引流通常在用户拥有大量社交关系链的社交网络里才能顺利发生。

3.搜索导航排名优化引流

搜索导航排名优化引流即在某些搜索引擎、分类导航网站、应用商店等渠道中,通过优化自己的站点、App、内容等,来迎合相关平台的内容推荐、排序规则,让

---

① 黄有璨.我的互联网运营方法论与自白[M].北京:中国工信出版集团,2022,6.

品牌有机会获得更多的免费流量展示和点击机会。

4.资源置换引流

资源置换引流即通过自己手中的现有流量、产品等资源,与其他品牌或组织进行交换,从而获取对方为自己引流的机会。如各类平台上的互推、各类App中的广告位互换、网站互挂友情链接等。

(二)付费引流方式

如果通过付费广告形式进行引流,业内常见的在线流量广告形式包括如下六种。

1.KOL广告

KOL广告即通过购买特定媒体平台、社交网络内的KOL、网红博主们单条内容推送的机会,来进行广告引流。常见的微信推文广告、KOL朋友圈广告、B站视频广告、小红书单条推送广告等,都可以视作此类。

2.推荐位广告

推荐位广告即通过购买特定网站、App、应用商店中的特定推荐位展示曝光机会进行广告引流。典型的如常见App的开屏广告、首页Banner图广告等引流方式。

3.搜索广告

搜索广告即以搜索关键词为中心,通过购买特定关键词下更靠前的搜索排序结果展示机会来进行广告引流。典型的如百度的竞价排名广告等。

4.广告联盟/DSP广告

广告联盟/DSP广告即由某组织牵头,把很多网站、App等的流量广告展示资源整合起来,让广告主可以通过对接一个服务方就能在很多网站、流量平台上进行广告投放的方式,其核心价值是帮助广告主节省时间,以避免广告主在需要投放很多平台时对接N多合作方。

5.信息流广告

信息流广告即在某些由算法推荐主导的信息流大型内容平台上,通过设计人群定向策略,把自己的广告展示素材推送到不同用户浏览消费内容的信息流中进行曝光展示。如在浏览抖音、今日头条、知乎等App时看到的很多广告,都属于这一类。

6.线上线下联动引流

线上线下联动引流既可以把用户从线上引导到线下进行到店消费,也可以把用户从线下某个场景中引流到线上,从而进行长期集中运营。在设计诱饵时,要给用户一个进一步要去关注或互动的理由,例如"为你生成一个自己专属的×××报告,关注一下就能领取"。再如,自己专属的性格测评、健康监测报告、新年运势、"专属个人头像&小挂件"等。

综上,在流量获取上,如果想要采取免费、低成本的方式进行引流,除资源置换的方式外,其他方式都要基于在某个流量平台上进行流量获取。而所有大型流量平台,本质都在做流量分发,也一定都会有自己的流量分发规则。想要获取更多流量,运营者必须要研究和了解这些规则,以便让自己可以更好地在其中获得流量。

三、流量分发规则

在互联网上,大型流量分发平台的流量分发形式,常见的有四类。而在这四类流量分发形式之下,为了获得更多流量,运营者要关注的工作重点是完全不同的。

(一)站内分类导航分发

这类流量分发形式常见于门户网站、垂直媒体、分类导航网站和部分垂直电商平台。其典型特征是,平台站内存在大量信息,需要按照不同类别进行查询和索引;平台上的内容、信息时常需要被站内编辑、运营人员定期通过活动、专题等聚合到一起来向用户进行推荐。

面向这一类流量分发形式进行免费流量运营的要点是,要么通过优化内容,让品牌内容能被收录到排名比较靠前、有更多曝光的索引类别中去;要么运营者就得非常熟悉平台编辑的喜好,甚至是活动、专题规划等,以便可以对症下药,为对方的专题活动提供优质内容。

(二)搜索排序分发

这类流量分发形式,是PC互联网时代最为主流、效率最高的一种流量分发形式之一。面向这一类流量分发形式进行免费流量运营的要点,通常就是搜索引擎优化。简单地说,就是通过不断优化自己的站点、页面的代码、内容、关键词等,让自己的网站、内容页面更容易被搜索引擎收录,更能关联到一些相关性比较高、流量比较大的关键词,也更能在搜索引擎的结果展示页中获得更靠前的排名。

(三)社交关系链分发

伴随着移动互联网和社交网络的发展,社交关系链分发也已经逐步成为一种非常主流的流量分发形式。简单地说,社交关系链分发,就是根据单个用户的社交关系来向其推荐相应内容的流量分发形式。例如,我关注的人发布的信息会出现在我的信息流中,我关注的人点过赞、喜欢过的内容会出现在我的信息流中,这本身都属于社交关系链流量分发的一种形式。面向一个社交关系链分发型的流量平台,想要做好免费流量运营,需要找准符合需求的关键传播人或传播节点,充分了解清楚他们的喜好,并定向与他们取得联系进行沟通,最好获得他们的认可、推荐、分享或点赞。

(四)信息流算法分发

信息流算法分发是移动互联网逐步全面兴起的流量分发形式,也是目前公认的效率最高的流量分发形式。简单地说,在移动互联网时代,用户进行内容消费的主要界面是一个信息流,且这个信息流往往可以无限下拉刷新。而在信息流中,到底给用户推荐什么样的内容,背后是平台的算法说了算。

算法一般会按照如下逻辑循环往复运行。当初始发布了一个内容,算法会先把它按照内容标签随机推荐给若干用户,并观察相应用户对该内容的浏览、互动等相关数据;如果该内容相关数据大于某个阈值,则算法会进一步把该内容按照规则推荐给若干新用户,然后继续进一步观察一些数据;如果数据进一步表现很好,则算法继续往下推荐。所以,面向信息流算法推荐分发来做好免费流量运营,其实也没有捷径,首先要充分理解特定平台的算法规则,其次要具备一定的内容功底,这样才能更好地迎合平台规则去生产各种不同类型的内容。

第四节　矩阵数据分析

一、大数据时代下的数据特点

大数据是指无法在可承受的时间范围内用常规软件工具进行捕捉、管理和处理的数据集合。大数据是需要新处理模式才能具有更强决策力、洞察发现力和流程优化能力的海量、高增长率和多样化的信息资产。①大数据技术的主要目标并非收集大量数据本身，而是对其含有的有价值的信息进行专业化处理。也就是说，若视之为一个行业的话，这个行业成功的关键就在于提升对信息的"处理"技巧，从而使其产生更多的附加值。在大规模数据环境中，数据具备以下四种特性。

(一)速度快

数据的更新速度非常快，加上互联网的普及，数据传输速度大幅度提升。面对海量的数据，平台只有快速筛选、分析、清理才能保证服务器不会崩溃。在互联网精细运营的背景下，数据分析已经成为全媒体运营必不可少的手段，运营团队需要对数据进行实时分析。全媒体传播的及时性特点决定了数据分析的实时分析慢慢发展为主流，尤其是UGC方式的出现，进一步发挥了连接网络在即时发布信息上的特点。网络与技术的革新推动了社会的进步，也造就了当下接近即时访问的时代。为了在快节奏的互联网生态系统中保持相关性，全媒体从业者努力寻找吸引受众的路径，这使得运营团队必须时刻准备就绪，确保响应时间和周转时间尽可能接近实时地回馈用户的反应。

(二)数量大

如今随着信息技术的发展，数据数量呈爆炸式增长。数据分析的广泛性主要体现在数据来源的广泛性。②互联网背景下数据分析的数据分别来源于大数据库数据、网络社交大数据、网络行为日志大数据、网络舆情大数据四个方面。数据分析软件从广泛的范围中搜集数据，有的是从一些社交网站中搜集而来的数据，有的是从一些网页上搜集来的数据，还有的是从一些浏览器上搜集而来的数据，这些都很好地表现出受众的一定倾向。全媒体数据为数据分析提供了大量广泛的数据来源，为数据分析提供了巨大的便利。

(三)形式多

大数据的来源和形式多种多样，包括结构化数据、非结构化数据、半结构化数据，等等。这些数据的形式不同，处理方法也各不相同。因此，大数据的处理需要对不同类型的数据进行分类和处理，以提取有效信息。数据分析在商业活动中的

---

① 黄轲,谢超,易俗.移动电子商务基础与实务[M].北京:人民邮电出版社,2021:137-138.
② 吴文玉.大数据时代下企业营销数据管理的整合与创新路径分析[J].现代信息技,2019,3(3):185-187.

广泛应用,充分体现出了数据分析在全媒体传播领域的深刻性。全媒体用户及全媒体运营团队通过流量分析、内容分析、销售分析、执行分析等数据,了解潜在的客户真正感兴趣的内容,同时探索品牌真正应该努力的方向。

(四)价值高

大数据中蕴含着巨大的价值潜力。通过对大数据的分析和挖掘,可以为企业和政府的决策提供依据。这些数据还可以用于开发新产品和服务,推动科技创新和社会进步。当两个或两个以上数据项的取值相互间高概率地重复出现时,那么就会认为它们之间存在一定的关联,就需要挖掘隐藏在数据中的相互关系,利用关联性通过一个事物对另一个事物进行预测。全媒体用户或运营团队可以充分利用这一特点更为全面和深刻地分析数据,寻找数据所具有的更深层次含义。

二、数据分析的价值

(一)明确用户特性,构建粉丝画像

作为一名全媒体从业者,需要先明确目标受众是哪些人,他们可能是真实的用户,也可能是理想用户,两者之间的差异可能会很大。为了更好地理解这些用户,运营者需要对他们的基础特性、行为习惯以及个人喜好等多个方面进行深入研究。唯有不断完善并更新用户形象,才能够确保所发布的信息内容没有误导性的倾向,同时也能确认账户设定是否符合实际用户的需求。

(二)了解运营质量,优化选材内容

全媒体人的运营水平非常直观地体现在了数据上,大部分品牌对全媒体运营的考核体主要体现在粉丝量、阅读量、转发数、点赞数、评论数等数据上,通过长期追踪这些数据并用图形来展示,能够有效反映出运营人员的业务水准。而对于他们自身来讲,利用这样的数据体系,也能客观公正地分析内容的质量高低,进而调整优化策略。

(三)预测运营方向,调整账号定位

要想预测运营方向所需要分析的数据不仅仅包括自营账号的数据,更包括大量行业内头部账号和新晋优质账号的数据,以此对社交媒体的内容创作、活动策划乃至商品推广等能否满足当前公众的美学期望与潮流走向做出全面评估,进而重

新定义并塑造整体账户的角色和形象。[①]掌握如何利用社交媒体平台上的数据分析功能是每个全媒体从业者必备的技术能力。目前,获取数据的途径正在逐步增多,大部分平台的基本功能是免费开放的,但核心功能需要支付会员费。

新榜。作为一款全面的内容行业服务工具,提供了对目前主要社交媒体渠道如微信、微博、百度和今日头条等内容的深度挖掘。同时,它还涵盖了短视频领域的热门应用,例如抖音、快手、哔哩哔哩及视频号等。根据时间维度,其榜单被划分为每日、每周和每月排行榜,各类统计数据也十分明晰,包含发布的文章数量、分享次数、评论量、赞赏人数、增粉速度、总粉丝数等多个指标。此外,新榜不仅具备详细的信息展示功能,也是寻找潜在合作伙伴的重要场所。

西瓜数据。西瓜数据提供新媒体流量监测及精准营销服务,以数据为依托为品牌主营销洞察提供支持,提高投放效率,降低投放成本,助力品牌实现营销新目标。虽然它的整体功能与新榜类似,但其自我评估的粉丝数量更为精确。

神策数据。作为一家专注于大数据分析与营销技术服务的公司,神策数据能够为新媒体从业者构建用户画像、深层次理解用户行为模式,追踪其来源及去向,从而发现潜在的产品增量市场,同时还可提供智能化运营策略建议。该公司的核心优势在于具备多元化的数据实时解析能力,通过对各种事件的分析、漏斗分析、客户流失率评估、分布情况研究等多种分析方法,助力全媒体人员解决各类数据问题。

三、数据分析工作流程

(一)数据采集

现代的大数据科技进步已经改写了传统数据管理方式,大规模的新型数据管理及解析技巧的使用使其能有效地解决各个领域中的问题,并且利用数据的实时变化来做数据模型的预判。对一些商业活动而言,在做出预测前收集并处理数据是非常关键的一步。首先,全媒体各类平台中的数据多是以外部数据为主,在参与数据分析时,再通过加入部分内部数据作为辅助,构建一个完整的数据环境。在平台上,用户使用移动设备或电脑访问账户页面,选择他们想看的博主或想要购买的产品,在整个过程中实际保存了很多种类的信息,这类信息可能包括查看的时间记

---

① 李涵斌.新媒体账号数据分析万能模板探析[J].传媒论坛,2021,4(17):26-28.

录、产品的偏爱程度、购买产品的价格信息和个人相关的公开资料等。其次,由于技术的进一步发展,个人化定制服务的精准需求也在逐步提高,所以平台的在线推广策略也必须根据技术更新持续改进,这就需要我们运用数据储存和分析的技术工具去进行数据分析,这时就会引用一部分内部数据来提供数据支撑。

(二)数据处理

如今的各类平台收集了大量的数据,这些数据信息杂乱、内容繁多、海量,传统的数据处理方法无法应对如此大规模的数据存储与处理需求。[①]为了解决这个问题,可以采用新颖的技术手段来对大数据进行压缩,从而构建并运行基于特征值的大数据系统。例如,谷歌公司推广的ma-preduce技术,其核心在于构建数据架构模型,并使用接口式的编程平台来执行大量数据库中的区块化计算。这一计算方式主要基于自动化的数据特性抽取及整合操作,以模块的形式建立业务流程,从而使得现有分散式资源储存管理的控制能力得到充分体现。

(三)数据分析

全媒体运营中数据分析的关键技术是用户数据和效果数据,也是数据挖掘应用的终极目标。用户数据是指部分媒体平台后台可以看到详细的客观用户数据,如果后台不提供,也可以通过第三方平台查看。用户基本属性包括性别、地域、年龄、职业、学历、收入等人口统计学特征和设备品牌、型号、操作系统、运营商、联网方式等设备属性,通过用户基本属性就能够判断出你的读者是怎样的人,他们有着怎样的特质。效果数据指用户在阅读或观看过程中的一系列操作,从而反映内容的优劣,包括用户行为属性和偏好属性。用户行为属性是指使用时长、启动次数、活跃天数、消费频次、页面浏览次数等属性;偏好属性在内容产品中主要指用户对内容的偏好,比如科技类、游戏类、生活类、政治类等。通过用户数据和效果数据两个客观维度,运营者就能自如地描绘出一幅生动的用户画像。

(四)数据运维

互联网语境下,用户对数据"采集—处理—分析"后,还要对数据进行运维。运维包括拉新、留存、促活、转化四个部分。拉新是指吸引新用户,从而扩大用户规模,粉丝量的增加是甲方对于运营者KPI的关键指标。留存是要做到防止用户流

---

① 孙王江.电子商务网站营销数据分析技术初探[J].中国市场,2022(19):133-135.

失,留存率的提升是拉新完成后下一步的关键任务,利用各种方法引导新用户关注后,如果视频内容吸引性降低,或者持续推出的内容与用户的兴趣喜好产生了偏差,都会产生用户的流失。促活是指提升用户的活跃度。活跃度指标包括了每日活跃用户数量和每月活跃用户数量。这两个指标是品牌方判断转化率的参考数据,避免存在假粉、僵尸粉等情况。稳定留存率后,持续地用户促活,增加用户互动、提升用户黏性则成了运营者工作的重中之重。转化是将用户从内容消费者转化为商品消费者。不管是内容付费、广告变现或者利用线上电商收益,转化用户流量为实际收益才是资本方的终极诉求。

第六章　全媒体运营案例拆解

第一节　个人账号打造方式

一、创作者的崛起

自2005年土豆网诞生以来,短视频创作者规模和内容生产数量均飞速扩张。一方面创作者在技术的推动下实现了视频创作的个人化,另一方面他们也深受平台流量的吸引,主动向掘金者角色转变。[①]随着商业化的推进,无论是网络视频还是平台发展都已经颠覆了传统的内容生产模式,各个平台之间正处于一场激烈的流量争夺战之中,同时它们还利用奖励机制、流量分成等方式对短视频制作者形成强烈吸引力,鼓励其加入平台生产。在这个过程中,短视频制作者们的生产属性及目标也在不断演变。

(一)创作者的自我表达与社区求真

2005年,胡戈以个人创作者的身份,将畅销电影《无极》进行了简化剪辑,制作成了20分钟的视频作品《一个馒头引发的血案》。这个作品的发布在土豆网上迅速流行起来,被认为是中国UGC制作和微视频的开端。土豆网依托"每个人都是生活的导演"的slogan,聚集了众多有创意的用户。用户在这个平台上创作了各种多元化的内容,例如家庭录像、动感相册、混剪影视作品、鬼畜视频、广播剧。这个现象反映了数据流向的变化,人们不仅仅是下载资源,也开始上传自己的创作。

在这个时期,微视频创作者主要是青年群体,他们希望通过自我表达来获得认同以及表达对主流观念的反叛。尽管早期视频制作大多粗糙,画面模糊,而且由于技术和监管漏洞,一些问题也存在,但这并没有阻碍早期视频网站展现互联网早期

---

① 胡泳,年欣.自由与驯化:流量、算法与资本控制下的短视频创作[J].社会科学战线,2022(6):144-165.

免费、共享、开源、利他主义的精神。

图6.1　网络视频作品

(二)自媒体时代的内容创新和财富追求

2014年智能手机和平板电脑的广泛使用使得大量用户开始转向移动互联网平台,短视频生产主体呈现多元化发展趋势。对于致力于内容创新的人来说,这个新兴市场毫无疑问地带来了新的机遇。总体来看,自媒体行业的价值已经超越了仅仅满足人们情感需求这一层面,正朝着包括知识共享、信息传递、文化传承等多元方向演进。近些年来,伴随着内容产业升级,短视频投融资进一步向产业链上游倾斜,这种由内容驱动的红利吸引了越来越多的短视频制作者加入其中。大规模内容创作趋势,反映了自媒体从诞生之初以争夺话语权为主的特性向带有经济盈利的属性转变。

二、平台的创作者争夺

各个网络平台之间的竞争日益加剧,为了争取更多的客户,他们纷纷采用不同的方法来吸引和留住用户。这些平台不约而同地采取了利用优秀创作者确保内容的充足供应以便提高用户黏性和对该平台忠实度的策略。各大网站都在使用多种奖励机制,如资金支持、流量补贴、专业课程等方式,鼓励创作者们创作,同时雇佣大量用户运营人员与平台重点扶植创作者单点联络解决其创作及流量推荐等相关问题,以免创作者流失。这种做法使得平台能有效地培育出适合自己风格的创作者,丰富了平台内容类型,从而吸引到了更广泛的新用户群体,同时也满足了现有的用户的需求。这对平台来说,高质量的流量代表着可以吸引到更有价值的广告商与其合作,进一步推进广告业务的发展。目前行业内的合作激励主要有以下三类。

(一)物质激励

物质激励效果显著,是目前短视频行业最为常见的一种合作模式,也成为了大多数平台的基础策略。不论是今日头条的"千人万元",西瓜视频的"二十亿扶持",还是腾讯的"百亿计划",阿里大鱼号的现金扶持,都是非常典型的"金钱诱惑"。除了正常补贴之外,各平台也会给对自身有价值的内容提供资助,例如腾讯提出的专项投资扶持小众创作者的计划,就是通过物质激励去促进内容创作。

(二)满足自我成长

所谓自我成长,在内容创作者身上更多地体现为未来变现的可能性。各大平台的投入虽然数额巨大,但在越来越多的创作者涌入这个行业之后,分到每个人身上的钱越来越少。对于一个制作精良的"腰部"以上的作者来说,各种分成加起来与拍摄视频花费的成本相比往往是相去甚远。在这种情况下,作者寄希望于未来自己能够成长为被各种广告主邀约的人,实现商业化变现。一方面,各大平台也在积极探索,连接内容创作者和广告主,推动短视频商业化;另一方面,开办线上线下的短视频作者课堂和讨论会,满足创作者的自我成长期许,如头条的金秒讲堂,腾讯也宣布了企鹅号的课堂计划。

(三)认可地位与成就

对于创作者的认可,是通过帮助他们实现自我价值从而使他们对平台更为信任和满意。主要是通过"地位"和"荣誉"的赋予,例如今日头条首创的短视频类奖项——"金秒奖",每三个月会评选出一批各个领域的优秀短视频作者,颁发奖杯并邀请他们做金秒讲堂的主讲嘉宾,再如各种加 V 认证,通过身份的差异化来赋予创作者"地位",提升他们的自我价值感。

三、个人账号的问题与对策

随着网络媒体的发展壮大,创作者群体分野也不断加剧。大量的个人或团体被这个行业的流量红利吸引而加入到创作者的行列中来,其中包括那些热衷展示自己生活点滴的普罗大众,也包含专业的信息发布公司或新闻机构或名人工作室,此外还有充分实现商业化运营精细化运作的 MCN 机构,他们实现了精准化的经营策略以期获得更多的收益回报率。总而言之,当前的视频短片市场已经形成了一种 UGC +PGC+PUGC 的三元结构模式。

(一)MCN 的定义与特点

MCN 这个概念来自海外,源自美国 YouTube,其字面意义就是多个频道组成的网络。这种 MCN 模式是从国外相对成熟的网红经济中衍生出来的,它实际上是一种介于内容生产者与平台之间的一种力量,类似于一种中间人角色。MCN 并不直接制作内容,而是在聚集了许多渠道薄弱的内容创作者,在资本的有力支持下,帮内容生产者解决推广的问题,从而完成商业持续变现。

图 6.2　MCN 的运作模式

与自行制造内容的普通用户相比,MCN 能提供更多的流量导入和曝光可能。MCN 公司会对商家设定的目标客户群进行精确的推广,并配合网络红人的形象设定来找到最匹配的商业项目以提升他们的知名度和人气。此外,MCN 还具备高品质内容的创作队伍和广泛的传播渠道,这是非机构式个体无法拥有的优势。对于擅长特定领域的网红而言,MCN 公司的策划团队会在内容制作过程中给予专业的指导和标准化管理,保证他们在产品质量和商业价值上的竞争力和持续发展能力。

(二)网红经济打造流程

"网红经济"分为网红自我营销与 MCN 公司推广营销两种方式,这包括了四步流程:首先,是对有潜力成为"网红"的人或公司的选拔,他们通常具备时尚穿搭、妆容技巧、餐饮品味或是旅游经验等领域的影响力。借助现有的粉丝群体、评论转发及深度互动来提升他们的影响力并增强黏性,从而奠定商业化的基本条件。其次,是对社交媒体账户的管理和粉丝引流,一旦"网红"在社交网络上积累了大量关注者和忠诚度之后,个人或者公司会进一步通过"网红"社交账号进行发布内容策划、形象定位和广告营销,以建立独一无二的IP价值,并将社交网络中的用户引导至特定电子商务平台。①再次,涉及的是供应链和生产管理,基于"网红"或公司对时尚、热点的把握以及社交网络粉丝的反馈程度,来设定产品的定位和制造;此外,依据消费者喜好数据的分析,决定生产量,并将之连接至优秀的供货商,实现集采购、生产、物流于一体的整套供应链服务。最后,则是电子商务收益和经营策略,利用产生的流量通过店铺运营出售产品,从而把"人气"转化为实际的购物行为。在前期的宣传活动和商品制造的基础上,"网红"本人或是孵化机构会制定出合适的销售方法,并且配合专业的服务平台团队,实施全方位的商业推广和营运控制。

第二节　企业账号兴起突围

一、企业账号的类型与意义

相较于低门槛的且有实体对应的用户个人账号,企业账号是相对虚拟的生产者形象,该类账号的申请必须提交营业执照、商标注册文件等官方认证材料,才能以品牌的名义参与内容生产。企业账号以官方品牌形象亮相于各类平台,作为官方认证的账号,其发布的内容更具号召力,同时也能促进品牌影响力提升。目前活跃在新兴互联网上的两个最常见的类型是:一种是由该公司名字创建并获得认证的专业账户,这些账户通常用于传播有关品牌的新闻或者推广产品的行动计划,它们所发表的文章都具备一定的可信性和准确性的特征,并且能够有效传达出企业的核心价值观与使命感;另一种则是利用该机构的产品和服务塑造出来的虚拟人物角色主导下的社交媒介内容创作方式,他们不仅可以向公众提供关于商品及服务的详细介绍还可以就相关领域提出自己的见解,甚至参与到营销活动中成为销售的主角之一。

企业账号背后是品牌团队、营销机构,代表的是整个组织的利益,所以品牌方的内容生产与实际营收挂钩,通过参与内容生产来增加产品曝光度,以多样的内容

---

① 梅楠.基于社交网络的"网红经济"营销模式分析[J].现代传播(中国传媒大学学报),2017,39(3):164-165.

刺激用户消费,最终目的是营利。更重要的是,相较于零散的陌生人介绍,部分用户倾向于选择品牌官方的介绍和宣传,对品牌方的内容有一定的信任感,能够提高内容到消费的转化率。

二、品牌广告与效果广告

大部分公司对于全方位传媒经营的目标非常清晰,主要包括两个方面:一是打造品牌形象,二是在此基础上营利。其中涉及品牌广告与效果广告之间的差异。品牌推广的主要目标在于建立产品的品牌形象,提升其在市场的占有率,并通过这种方式来巩固消费者对该品牌的认知。简而言之,它旨在使客户了解某一特定的产品,例如我们购买服装时会想到的一些知名品牌,这就是品牌宣传所产生的效应。而效果广告则是以实际成效作为基准的广告体系,广告商只需支付那些可以量化的成果费用。

图6.3 品牌广告 VS 效果广告

品牌广告的特点简单概括起来即长、久、慢。品牌广告的重要特征之一是广告的持续性,短期的广告露出几乎无法塑造出一个品牌的形象,而是需要持续数年地反复呈现一个核心卖点,逐渐占据用户的心智。效果广告的特点简单概括即短、平、快。效果广告的核心在于其即时投放并立即产生影响的能力,这正是网络广告最大的优点所在。我们通过移动设备所做的广告投资,包括花费金额、点击次数、下载数量及注册数等信息,都能够实时追踪与监测。对于每个效果型广告的支出,可以清楚地了解哪些产生了客户,而哪些则被无效化了。

从KPI的角度来看,品牌广告更重视曝光数和店铺的用户访问量,而效果广告则更重视实际成交金额或线索收集的数量;从投放的结果来看,品牌广告的特性是高传播、低转化,而效果广告则恰好相反,低传播、高转化。每一个广告主的情况是不一样的,如果是已经有一定消费者心智的头部品牌,通常每年都会花一部分的预算到品牌广告中去,以此扩大知名度和用户黏性,而效果广告则更适合寻找用户增量的广告主,每一笔花出去的钱最好都能在当天有所回报,回报周期相较品牌广告而言会短一些;从效果追踪的角度来看,品牌广告的效果通常是很难被追踪到的,消费者第一次看到你的广告到最后被广告的内容所转化,可能会经历一个很长的周期,而效果广告则相反,效果追踪的难度比较小;从内容载体上来看,品牌广告的内容载体是多样性的,而效果广告的内容载体则以信息流为主。通过以上对比,我们对品牌广告和效果广告之间的差异有了一定的了解,作为企业,在投放之前一定要先想明白到底是要品牌广告还是效果广告。

三、企业账号的问题与对策

品牌方通过唯一的品牌账号,以团队运营的方式自行生产与品牌传播相关的内容。但品牌方自产内容的影响力总是不足,尤其是知名度不高的品牌,其通过企业账号发布的内容的传播范围有限,难以内部形成用户讨论热点,这就需要借助其他内容生产者的力量达成营销传播目的。由此,利用意见领袖、官方账号和用户生产的内容进行营销传播活动是众多品牌营销推广的新思路,品牌方成了内容生产的主要发起者,引领内容生产方向。

"圈层"起初是一个地理学的概念,在进入社会科学领域后,特指社会成员根据一定的个人偏好与社会属性形成的不同类型的群体。在全媒体语境下,圈层早已突破血缘和地域,职业、年龄、兴趣、文化等因素都可以成为圈层划分的标准。实现破圈传播是企业账号运营的目标之一,它意味着企业影响力从原生圈层向外围圈层渗透,让企业被更多人关注到。

(一)分圈:实现原生圈层目标用户留存

随着数智技术的发展,圈层化传播特性将具有相同生活方式的受众捆绑在一起,每个圈子中成员的生活形态、兴趣爱好、审美情趣在某一个领域有相似性。[①]实现破圈传播的第一步是实现原生圈层目标用户留存。具体来看,一是制作信息密度高、专业化程度高的内容,给予用户优质观看体验。品牌方在开始内容生产前,先结合自身产品特性与用户需求,确定内容生产的侧重点。接着,品牌方通过唯一的企业账号生产相关内容,如产品官方介绍、产品试用报告、产品性能等等,将品牌

---

① 张锐,陈芷宜.数智化创新下电影营销范式的重塑与升级[J].中国电影市场,2022(9):36-42.

营销信息初步传播出去,二是基于粉丝转化需求,账号运营方可以带上福利活动链接。在自己熟悉的圈层中,受众不再仅仅是被营销内容影响,而是更多地愿意主动创造内容。

(二)热圈:原生圈层触达转化

为了达到理想的营销效果,品牌方开展内容营销更多的是借助KOL的力量。基于一定的粉丝量和影响力,KOL发布涉及某品牌产品分享的内容能够在短时间内传达产品信息,扩大用户对品牌的认知,增加品牌好感度,刺激用户参与到品牌内容生产中来。①与此同时,品牌方还会二次编辑KOL或用户生产的内容,在企业账号再次发布,从而加深内容的可信度。另外,品牌方还会借助官方账号的力量达成合作,利用官方账号的内容为品牌产品背书,上文提到圈层内的个体会主动分享原始素材甚至是自己打造的二创内容,以吸引更多的关注和互动,从而形成"圈层文化"。"认知盈余"理论指出,在碎片化时代,受众在利用自由时间进行内容消费的同时,也能够进行内容的创造和分享,且后者带来的价值远胜于前者。②在圈层文化成功搭建之后,运营者应激励用户去自主创造并消费文化内容,用户对于话题的二次创作、表达情感诉求的过程就是自我身份建构的过程,二创内容的积累不断扩充着品牌的物料池。

(三)破圈:从原生圈层向外围圈层渗透

破圈是使圈层内部话语边界逐渐扩展的过程。破圈的前提在于认同不同圈层的话语体系和行动逻辑,由此形成一种关联价值。基于"共同文本"的聚集是原生圈层的核心,通过引导头部用户激发社群其他成员的向外传播力,提高转化率。从本质上来说,用户在打造内容的同时也不断加深其对于品牌的忠诚度,向外拓展传播力得以提升。由此可见,品牌方通过策划和实施内容营销活动,将KOL、官方账号、用户组织起来,其内容生产皆围绕品牌传播、产品销售展开,彼此内容联动性增强,强化了用户对品牌内容的感知,调动用户参与内容生产,形成平台多主体参与、积极活跃的内容生产格局,扩大着品牌传播面和传播声量,往往能够达到既定的内容营销目标。

---

① 武琦.新媒体语境下电影节短视频破圈路径探析[J].传媒论坛,2023,6(18):63-65.
② 陈洁.基于"认知盈余"的碎片式新媒体内容变现研究[J].经济与社会发展,2017,15(6):68-72.

第三节 政务账号崛起之路

一、政务账号的概念与发展趋势

政务账号主要指入驻平台的各级行政机关,承担行政职能的事业单位及其内设机构,主要由国家管辖,有一定公信力,肩负一定社会义务,负责国家行政运行工作、国家建设或保卫工作的相关机构。2018年,国务院办公厅发布《关于推进政务新媒体健康有序发展的意见》,其中对政务新媒体的功能和职责进行了清晰的表述,即"政务新媒体是移动互联网时代党和政府联系群众、服务群众、凝聚群众的重要渠道,是加快转变政府职能、建设服务型政府的重要手段,是引导网上舆论、构建清朗网络空间的重要阵地,是探索社会治理新模式、提高社会治理能力的重要途径"。

政务账号有党政机关类、司法公安类、校园教育类、文化旅游类以及军事消防类等不同类型。目前越来越多的地方政府将宣传重点放在新媒体上,粉丝量、阅读量也是非常可观,传播效果优于传统媒体,此类机构主要的宣传与社会科普相关,为部分有疑惑的民众答疑解惑,更能宣传国家出台的相关政策。近年来,一批如"共青团中央""中国消防"和"四川文旅"等政务账户成功崛起,他们通过使用贴近民众的话语风格来传播官方消息,并提供最为准确的信息与深入的解析,从而在网络媒体领域占据了领先地位且具备独特的竞争力,成为了政府机构实现线上群众联系的重要案例。

二、政务账号的价值与意义

全媒体在政务中扮演着关键的角色,它是党和政府与公众沟通、服务人民以及联系大众的主要途径。由于具备独一无二且可靠的信息来源,政务新媒体并不等同于一般性的新闻传输实体,它们有时需履行超越传统新闻机构的责任,包括实时更新并公布政府日常工作资讯,同时必须迅速揭示突发危机的事实,他们应及时对热门话题中虚假消息予以澄清,并且积极推动重要议题的活动宣传。信息公开和政务服务是第一要务,舆论引导和社会治理是根本之责。

(一)提高沟通效率

不同平台的开拓为政务机构宣传拓宽了渠道,在人民与政府沟通交流中起到了黏合剂的作用。与之前主要依靠文字、图片之类静态内容传播的微博、微信相比较,短视频感染力更强,使用动态视频音乐结合形式满足更多受众的阅读需求和习惯,不断增强政府工作的沟通效率,并不断提升受众体验。政府部门在制作短视频时也会根据平台用户的观看习惯编辑内容。例如两会期间,许多人大代表提出建议,通过短视频平台进行有效传播,既具有新闻时效性,更提高了政府与人民的沟通效率,同时也为参与互动的网民带来更多参与感。

(二)打造亲民形象

现如今,各大短视频平台拥有大量用户,如抖音、快手平台均在其年度报告中提及其日活跃用户数达数亿,政府机构抓住各大短视频平台的特征,不断创新发布政务内容,并通过该类平台建立了与受众的互动渠道。短视频平台上的"蓝朋友"指的就是中国消防队员,而"蓝朋友"人设正是通过短视频平台塑造,并通过该平台不断发布日常工作内容,不需要言语说教,不使用强制学习等方式就起到了很好的宣传作用,进一步促进了该部门的政务传播发展。

(三)积极引导舆论

全媒体时代到来,短视频成为时下宣传正能量弘扬主旋律的新形式。各级政府部门在各大短视频平台官方认证入驻,在发布内容时积极宣传正能量,传播革命精神,积极引导舆论。例如,外交部发言人通过短视频进行了有效传播,正面表达国家态度,极大地维护了国家形象。另外,抗洪救灾中勇闯一线的解放军战士、救火救灾的"最美逆行者"等也通过短视频第一时间发布,积极弘扬奋斗精神。这些视频都获得了极大的关注度,较高的播放量、点赞量,无不显现着受众的高度关注。

三、政务账号的问题与对策

政务新媒体应主要由相关部门内的员工管理和操作,他们承担着处理发布官方消息、解读政策并反馈网民声音等任务。然而,实际情况中,政府单位通常人力有限,并且对媒体语言理解能力较弱,同时缺少互联网的多步骤实践经验,这使得很多行政机构仅停留在布局层面上,僵尸账号、空壳账号不在少数,没有固定发布时间、交互少的账号也比比皆是,所以一些政务新媒体逐渐被交给商业公司经营。这种简单的合作可能会带来一定程度的意识形态安全威胁,而且无法有效防止运营商只关注点击量和热门话题,从而不能迅速响应公众需求,最终影响了政府机构的可信度。因此,决定政务新媒体的管理者是谁、怎样运行以及运营商与政府机构之间的关系成为了推动政务新媒体发展的关键问题。本书对政务号的运营打造提出几点建议。

(一)原创是流量密码

许多政务账号由于缺乏运营人才,例如,出现账号定位不准确,无原创内容的问题,然而原创内容才是真正的流量密码。中国消防并没有将内容定位在发布活动新闻、解析政策等严肃主题上,创办以来,中国消防常常以情景剧再现的形式创新消防知识宣传模式,在语言表达和内容呈现上通俗易懂,不仅回应了社会关切问题,还建构了暖心的消防形象。中国消防坚持原创新闻产品的持续产出,先后推出《消防公益说》《呼叫蓝朋友》《消防小品》《阿消小短剧》《百名明星话消防》《一问Dou答》等多款原创消防产品,并得到合作平台的充分肯定。

(二)增强行政人格化传播

2023年文化和旅游厅在国内开了先河,联动全国各省文旅系统,策划推出"文旅局长说文旅"系列短视频主题营销活动。活动开展以来,各市(州)、区县文旅局长纷纷发布"文旅局长说文旅"主题视频,在各主流媒体平台和新媒体平台广泛传播。全国各地文旅局长纷纷从幕后到台前,玩变装、秀双语、上才艺、隔空喊话,使出多种解数为当地代言,就连还未出镜的局长们也纷纷被当地网友督促"出战"。这类短视频都会收获比其他新闻发布更多的阅读量,究其原因是公众对官员人格化传播的认同。遵循这一规律,广州禁毒推出了多款相应的政务产品,例如推出"张警官讲毒品"系列短视频,"张警官"成为网友们追捧的靠谱专家,视频被网友纷纷转发。

(三)坚定精准表达立场

表达立场成为提升公众注意力的有效手段。互联网上的信息传播很大程度是"情绪与站队",网民很容易被点燃情绪、被带节奏。所以,拥有明确官方背景的公共媒体应负起引领讨论方向、缓解紧张气氛、澄清舆论的责任,提供明确且精确的角度,并且坚定的态度有助于打造热门话题。例如,中国"三农"发布的一系列评论短视频均获得了数百万次的观看次数,同时也成功地引起了大众的兴趣,如《中央一号文件重千钧》使观看次数增加了九万次;《货车司机被罚款后服毒自杀,处罚还需用证据说话》让观看次数增长十五万次;《H & M 挑战底线,新疆棉花不吃这一套》也促使观看次数上升十万次。①

第四节　全媒体运营相关政策解析

　　全媒体运营是互联网时代催生的新模式新业态,是数字化转型带给人们的新体验新成果。近年来,从短视频平台异军突起,推动文化创作模式、媒体传播格局的转变,到中视频平台、社区平台、资讯平台兴起丰富人们的选择,再到5G、虚拟现实、元宇宙等技术不断创新迭代,网络视听行业不断迈向多元化、高端化、智能化,成为数字经济的重要引擎。据中国互联网络信息中心(CNNIC)发布的第51次《中国互联网络发展状况统计报告》,截至2022年12月,我国网络视频(含短视频)用户规模达10.67亿,较2021年12月增长3549万,互联网普及率达75.6%。

　　推动全媒体运营实现高质量发展,离不开监管的保驾护航。网络视听行业繁荣背后,一些行业乱象、不良风气仍然存在。有的短视频平台热衷打"擦边球"、内容低质低俗,消耗了用户大量时间、负向影响了用户心智;有的视听节目粗制滥造、注水现象严重,备受观众吐槽;还有的靠搬运、抄袭维持内容更新,盗版侵权现象屡见不鲜。凡此种种,影响了全媒体行业的健康发展,必须下更大力气进行治理。一方面要持续加大监管力度,聚焦突出问题深入开展网络空间专项整治;另一方面要完善顶层设计、加强政策引导,发挥行业自律作用,确保价值引领不缺位、行业发展不偏航。

---

① 钟倩.政务新媒体:行业媒体的弯道超车与转型发力:中国三农发布的实践与启示[J].当代电视,2022(5):64-65.

一、《网络主播行为规范》要点解析

随着近年短视频、直播业态的迅猛发展,如何在保持新型互联网业态活力的同时,又促进其健康发展,无疑是一个非常重要的课题,而网络主播自然是其间最重要的角色。2022年6月8日,为进一步规范网络主播从业行为,加强职业道德建设,促进行业健康有序发展,国家广播电视总局、文化和旅游部印发了《网络主播行为规范》。

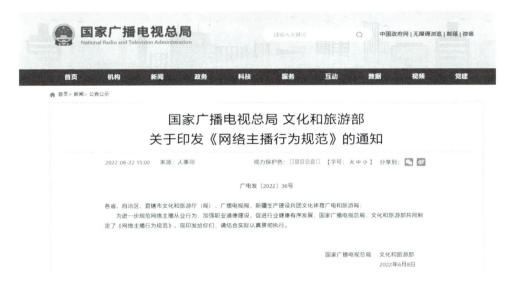

图6.4　国家广播电视总局、文化和旅游部关于印发《网络主播行为规范》的通知

(一)新增适用对象

行为规范第一条阐明了适用对象为网络主播,即"通过互联网提供网络表演、视听节目服务的主播人员",具体包括在网络平台直播、与用户进行实时交流互动、以上传音视频节目形式发声出镜的人员。同时"虚拟主播"同样需要规范化与健康发展。行为规范规定,"利用人工智能技术合成的虚拟主播及内容,参照本行为规范"。虚拟主播因其智能化及有着可随技术发展不断更新迭代的特性,未来不可限量。行为规范将"虚拟主播"一并纳入,既有现实需求,更体现了前瞻性。

(二)应当条款要点

行为规范第二条至第十三条的规定,均以"应当"起始,不妨将其称为行为规范的"12守则"。如网络主播应当如实申报收入,依法履行纳税义务;网络主播应当保持良好声屏形象,表演、服饰、妆容、语言、行为、肢体动作及画面展示等要文明得体,符合大众审美情趣和欣赏习惯;网络主播应当尊重公民和法人的名誉权、荣誉权,尊重个人隐私权、肖像权,尊重和保护未成年人、老年人、残疾人的合法权益;网络主播应当遵守知识产权相关法律法规,自觉尊重他人知识产权;网络主播应当按照规范写法和标准含义使用国家通用语言文字,增强语言文化素养,自觉遏阻庸俗暴戾网络语言传播,共建健康文明的网络语言环境;网络主播应当自觉加强学习,掌握从事主播工作所必需的知识和技能;对于需要较高专业水平(如医疗卫生、财经金融、法律、教育)的直播内容,主播应取得相应执业资质,并向直播平台进行执业资质报备,直播平台应对主播进行资质审核等。

(三)禁止行为准则

行为规范列举了30项"不得为"加1项兜底规定。行为规范第十四条主要以列举式规定了不得出现的30项禁止行为,并在第31项中对其他禁止行为进行了兜底规定。[①]禁止行为包括不得铺张浪费粮食,展示假吃、催吐、暴饮暴食等,或其他易造成不良饮食消费、食物浪费示范的内容;不得引导用户低俗互动,组织煽动粉丝互撕谩骂、拉踩引战、造谣攻击,实施网络暴力;不得营销假冒伪劣、侵犯知识产权或不符合保障人身、财产安全要求的商品,虚构或者篡改交易、关注度、浏览量、点赞量等数据流量造假;不得夸张宣传误导消费者,通过虚假承诺诱骗消费者,使用绝对化用语,未经许可直播销售专营、专卖物品的;不得通过"弹幕"、直播间名称、公告、语音等传播虚假、骚扰广告;通过有组织炒作、雇佣水军刷礼物、宣传"刷礼物抽奖"等手段,暗示、诱惑、鼓励用户大额"打赏",引诱未成年用户"打赏"或以虚假身份信息"打赏";不得在涉及国家安全、公共安全,影响社会正常生产、生活秩序,影响他人正常生活、侵犯他人隐私等场所和其他法律法规禁止的场所拍摄或播出;不得展示或炒作大量奢侈品、珠宝、纸币等资产,展示无节制奢靡生活,贬低低收入群体的炫富行为等。

目前,网络直播正保持一个迅猛发展的态势,未来互联网技术会持续改变人们的生活。在对一个新型业态保持开放的同时,强化引导与进行规范也是网络直播健康发展所需。随着本次行为规范的出台,网络表演、网络视听平台和经纪机构将

---

① 刘檀.主播行业进入强监管时代[J].中国对外贸易,2022(9):30-31.

更重视直播合规的体系建设,网络主播和虚拟主播在现实世界与虚拟世界中大放光彩的同时也会更加自律与规范化。

二、《互联网广告管理办法》要点解析

2023年3月24日,国家市场监督管理总局令第72号正式发布《互联网广告管理办法》(简称《管理办法》),将原工商总局于2016年发布的《互联网广告管理暂行办法》进行修订,自2023年5月1日《管理办法》施行之日起,《互联网广告管理暂行办法》同时废止。《互联网广告管理办法》共32条,针对我国互联网广告业发展新特点、新趋势、新要求,创新监管规则,进一步细化互联网广告相关经营主体责任,明确行为规范,强化监管措施,对新形势下维护互联网广告市场秩序,助力数字经济规范健康持续发展具有重要意义。在中华人民共和国境内,利用网站、网页、互联网应用程序等互联网媒介,以文字、图片、音频、视频或者其他形式,直接或者间接地推销商品或者服务的商业广告活动,适用广告法和本办法的规定。

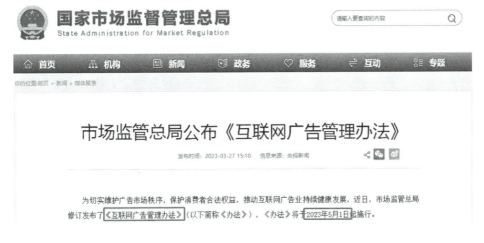

图6.5　市场监管总局公布《互联网广告管理办法》

(一)关于"三品一械"

《管理办法》新增禁止变相发布"三品一械"广告的相关规定。要求法律、行政法规规定禁止生产、销售的产品或者提供的服务,以及禁止发布广告的商品或者服务,任何单位或者个人不得利用互联网设计、制作、代理、发布广告。禁止利用互联网发布烟草(含电子烟)广告。禁止利用互联网发布处方药广告,法律、行政法规另

有规定的,依照其规定。发布医疗、药品、医疗器械、农药、兽药、保健食品、特殊医学用途配方食品广告等法律、行政法规规定应当进行审查的广告,应当在发布前由广告审查机关对广告内容进行审查;未经审查,不得发布。对须经审查的互联网广告,应当严格按照审查通过的内容发布,不得剪辑、拼接、修改。已经审查通过的广告内容需要改动的,应当重新申请广告审查。

(二)关于"隐形种草"

《管理办法》新增"隐形种草"应显著标明"广告"的规定。在种草营销的商业模式下,如何区分软文广告与正常消费体验分享,一直是执法实践的难点。为此,《互联网广告管理办法》对于竞价排名的商品或者服务,广告发布者应当显著标明"广告",与自然搜索结果明显区分。除法律、行政法规禁止发布或者变相发布广告的情形外,通过知识介绍、体验分享、消费测评等形式推销商品或者服务,并附加购物链接等购买方式的,广告发布者应当显著标明"广告"。

(三)关于"二跳广告"

《管理办法》新增广告主、广告经营者和广告发布者对"二跳广告"的核对义务。由于互联网特有的"无限跳转、无限链接"的特性,大多数互联网广告都能实现通过含有链接的广告(前端广告)跳转到广告主指向的特定互联网媒介(通常是自设网站),即链接到广告主自有媒介上的内容(广告主自行发布的广告和信息页面及链接内容)。此种有链接的互联网广告即俗称的"二跳广告"。此前,由于缺乏法律明文规定,实践中互联网广告发布者对"二跳广告"在何种情形下负有违法责任的问题存在争议。为此,《互联网广告管理办法》新增第十八条,规定广告主、广告经营者和广告发布者在发布"二跳广告"的情形下均负有核对义务;若未尽到核对义务,应依据《互联网广告管理办法》第二十八条第一款的规定承担相应法律责任。

三、《网络短视频内容审核标准细则(2021版)》要点解析

《网络短视频内容审核标准细则》是中国网络视听节目服务协会发布的审核标准细则。《网络短视频内容审核标准细则》针对网络视听领域存在的不足和薄弱环节,分别对开展短视频服务的网络平台以及网络短视频内容审核的标准进行规范。

图6.6 《网络短视频内容审核标准细则》修订版发布

2019年1月9日,《网络短视频内容审核标准细则》正式发布。2021年12月15日,中国网络视听节目服务协会发布了《网络短视频内容审核标准细则》,新版细则主要针对社会高度关注的泛娱乐化、低俗庸俗媚俗问题的新表现,以及泛娱乐化恶化舆论生态、利用未成年人制作不良节目、违规传播广播电视和网络视听节目片段、未经批准擅自引进播出境外节目等典型突出问题,为各短视频平台一线审核人员提供了更为具体和明确的工作指引,有利于提高短视频平台对网络视听节目的基础把关能力和水平,促进网络视听空间清朗。

(一)内容审核基本标准

网络播放的短视频节目,及其标题、名称、评论、弹幕、表情包等,其语言、表演、字幕、背景中不得出现以下具体内容:攻击我国政治制度、法律制度的内容;分裂国家的内容;损害国家形象的内容;损害革命领袖、英雄烈士形象的内容;泄露国家秘密的内容;破坏社会稳定的内容;损害民族与地域团结的内容;违背国家宗教政策的内容;传播恐怖主义的内容;歪曲贬低民族优秀文化传统的内容;恶意中伤或损害人民军队、国安、警察、行政、司法等国家公务人员形象和共产党党员形象的内容;美化反面和负面人物形象的内容;宣扬封建迷信,违背科学精神的内容;宣扬不良、消极颓废的人生观、世界观和价值观的内容;渲染暴力血腥、展示丑恶行为和惊悚情景的内容;展示淫秽色情,渲染庸俗低级趣味,宣扬不健康和非主流的婚恋观的内容;侮辱、诽谤、贬损、恶搞他人的内容;有悖于社会公德的内容;不利于未成年人健康成长的内容;宣扬、美化历史上侵略战争和殖民史的内容;其他违反国家有关规定、社会道德规范的内容等。

(二)加强未成年节目管理细则

本次修订的《细则》还针对利用未成年人制作不良节目、违规传播广播电视和网络视听节目片段、未经批准擅自引进播出境外节目等典型突出问题作出规范。在100条细则中,监管部门也对不利于未成年人身心健康的内容作出具体定义,包括早恋、打架斗殴、吸毒、性暗示等。网络短视频平台应当建立未成年人保护机制,采用技术手段对未成年人在线时间予以限制,设立未成年人家长监护系统,有效防止未成人沉迷短视频。在封杀劣迹艺人方面,《细则》规定短视频平台不得为包括吸毒嫖娼在内的各类违法犯罪人员及黑恶势力人物提供宣传平台。

(三)升级版权保护

在此前的《细则》中,已经对保护版权作出了规定,结合文娱领域综合治理的新要求,对原有21类100条标准进行了与时俱进的完善。不少人都刷到过一些博主发布的"3分钟看完一部电影"等影视剪辑片段等短视频。这些视频时长大多只有2到5分钟,并配以花式字幕进行注释,称能以最短的时间让网友们看完相关影视剧。许多影视公司、视频平台及影视行业协会发出联合声明,呼吁广大短视频平台和公众账号生产运营者尊重原创、保护版权,未经授权不得对相关影视作品实施剪辑、切条、搬运、传播等侵权行为。新版《细则》第二十一项"其他违反国家有关规定、社会道德规范的内容"将"未经授权自行剪切、改编电影、电视剧、网络影视剧等各类视听节目及片段的"列入其中。

四、《网络短视频平台管理规范》要点解析

2019年1月9日,《网络短视频平台管理规范》发布,这是中国网络视听节目服务协会发布的行业规范。开展短视频服务的网络平台,应当遵守本规范。《管理规范》从总体规范、上传合作账户规范、内容规范、技术管理规范四点进行约束。

图6.7 网络短视频平台管理规范

(一)关于"总体规范"

在"总体规范"上,要求开展短视频服务的网络平台,应当持有《信息网络传播视听节目许可证》(AVSP)等法律法规规定的相关资质,并严格在许可证规定的业务范围内开展业务。网络短视频平台应当积极引入主流新闻媒体和党政军机关团体等机构开设账户,提高正面优质短视频内容供给。网络短视频平台应当建立总编辑内容管理负责制度。网络短视频平台实行节目内容先审后播制度。平台上播出的所有短视频均应经内容审核后方可播出,包括节目的标题、简介、弹幕、评论等内容。网络平台开展短视频服务,应当根据其业务规模,同步建立政治素质高、业务能力强的审核员队伍。审核员应当经过省级以上广电管理部门组织的培训,审核员数量与上传和播出的短视频条数应当相匹配。原则上,审核员人数应当在本平台每天新增播出短视频条数的千分之一以上。

(二)关于"合作账户规范"

在"上传合作账户管理规范"上,要求网络短视频平台对在本平台注册账户上传节目的主体,应当实行实名认证管理制度。网络短视频平台对在本平台注册的机构账户和个人账户,应当与其先签署体现本《规范》要求的合作协议,方可开通上传功能。对持有《信息网络传播视听节目许可证》的PGC机构,平台应当监督其上传的节目是否在许可证规定的业务范围内。对超出许可范围上传节目的,应当停止与其合作。各网络短视频平台对"违法违规上传账户名单库"实行信息共享机制。

(三)关于"内容管理规范"

在"内容管理规范"上,要求网络短视频平台在内容版面设置上,应当围绕弘扬社会主义核心价值观,加强正向议题设置,加强正能量内容建设。网络短视频平台应当履行版权保护责任,不得未经授权自行剪切、改编电影、电视剧、网络电影、网络剧等各类广播电视视听作品;不得转发UGC上传的电影、电视剧、网络电影、网络剧等各类广播电视视听作品片段;在未得到PGC机构提供的版权证明的情况下,也不得转发PGC机构上传的电影、电视剧、网络电影、网络剧等各类广播电视视听作品片段。不得转发UGC上传的时政类、社会类新闻短视频节目;不得转发尚未核实是否具有视听新闻节目首发资质的PGC机构上传的时政类、社会类新闻短视频节目。

(四)关于"技术管理规范"

在"技术管理规范"上,要求网络短视频平台应当合理设计智能推送程序,优先推荐正能量内容。采用新技术手段,如用户画像、人脸识别、指纹识别等,确保落实账户实名制管理制度。建立未成年人保护机制,采用技术手段对未成年人在线时间予以限制,设立未成年人家长监护系统,有效防止未成人沉迷短视频。

五、《未成年人节目管理规定》要点解析

2019年2月14日,《未成年人节目管理规定》经国家广播电视总局局务会议审议通过,自2019年4月30日起施行。管理规定依据《未成年人保护法》和《广播电视管理条例》等法律和行政法规制定,将未成年人节目管理工作纳入法治化轨道,同时引导、规范节目创作、制作和传播,以切实保障未成年人合法权益,促进未成年人健康成长。管理规定对未成年人节目内容、未成年人隐私保护、节目播出时间、节目传播规范等作出了明确规定,这一管理规定中有一些值得重点关注的内容。

图6.8 《未成年人节目管理规定》

(一)明确未成年人节目的界定范围

关于未成年人节目应当如何界定,管理规定明确规定,未成年人节目的范围既涵盖以未成年人作为主要参与者或者以未成年人为主要接收对象的传统广播电视节目,也涵盖网络视听节目。[①]同时,具备上述元素的短视频作为通过互联网向公众提供视音频的节目(即互联网视听节目)也属于未成年人节目范畴。除此之外,管理规定也进一步扩大了其管理规范的覆盖范围,管理规定第四十条规定:非未成年人节目中含有未成年人形象、信息等内容,有关内容规范和法律责任需要参照管理规定执行。

(二)对于未成年人节目重点规范

一是禁止未成年人节目过度商业化、成人化、娱乐化。随着近几年《爸爸去哪儿》《爸爸回来了》等明星亲子类节目的热播,其背后所引发的关于未成年人节目过度商业化、成人化、娱乐化等现象也一直成为大众持续关注的热门话题,未成年人娱乐文化产业也发生了泛滥性发展,甚至存在有部分未成年人节目制作方为迎合大众低级趣味而不惜屡屡突破行业底线的现象。管理规定第十四条明确:邀请未成年人参与节目制作,其服饰、表演应当符合未成年人年龄特征和时代特点,不得诱导未成年人谈论名利、情爱等话题。未成年人节目不得宣扬童星效应或者包装、炒作明星子女。二是重点保护未成年人隐私。我国《未成年人保护法》中已明确规定任何组织或者个人不得披露未成年人的个人隐私。此次管理规定针对未成年人个人隐私保护也作出相应规定,管理规定第十三条:未成年人节目制作过程中,不得泄露或者质问、引诱未成年人泄露个人及其近亲属的隐私信息,不得要求未成年人表达超过其判断能力的观点。对确需报道的未成年人违法犯罪案件,不得披露犯罪案件中未成年人当事人的姓名、住所、照片、图像等个人信息,以及可能推断出未成年人当事人身份的资料。三是禁止未成年人节目影响未成年人正常价值观的培养发展。管理规定明确列举了16条未成年人节目中不得包含的内容,包括不得渲染暴力、血腥、恐怖,教唆犯罪或者传授犯罪方法;不得涉及除健康、科学的性教育之外的涉性话题、画面;不得肯定、赞许未成年人早恋;不得歪曲民族历史或者民族历史人物,丑化、亵渎、否定英雄烈士事迹和精神;不得过分强调或者过度表现财

① 程啸,樊竟合.网络直播中未成年人充值打赏行为的法律分析[J].经贸法律评论,2019(3):1-15.

富、家庭背景、社会地位等。

(三)明确对未成年人节目播放的具体要求

管理规定将保护未成年人合法权益作为重点,通过对未成年人节目的播放制度提出一系列规范措施来进一步落实对未成年人合法权益的保护。一是设置未成年人节目专区制度。管理规定构建了未成年人节目专区制度,信息网络视听节目服务单位应当以显著方式对所传播的未成年人节目建立专区,专门播放适宜未成年人收听收看的节目。未成年人专门频率频道、网络专区不得播出未成年人不宜收听收看的节目。二是设置广告传播规范制度管理规定承继广告法的实施基础,围绕未成年人受众提出了未成年人节目广告规范制度:未成年人专门频道、频率、专区、链接、页面不得播出医疗、药品、保健食品、医疗器械、化妆品、酒类、美容整形、网络游戏广告,以及其他不适宜未成年人观看的广告,其他未成年人节目前后也不得播出上述广告。并且,未成年人广播电视节目在学校寒暑假期间,每小时播放广告不得超过10分钟,其他时间每小时不得超过12分钟。三是适播制度及休息提示制度管理规定要求。未成年人专门频率频道全天播出未成年人节目的比例应当符合国务院广播电视主管部门的要求,在每日17:00—22:00之间应当播出国产动画片或者其他未成年人节目,不得随意播出影视剧以及引进节目;未成年人专门频率频道、网络专区每日播出或者可供点播的国产动画片和引进动画片的比例也应当符合广播电视主管部门的规定。

六、《关于进一步加强网络视听节目创作播出管理的通知》要点解析

2017年6月,为进一步传播社会主义先进文化,营造健康积极向上的网络文化氛围,国家广播电视总局印发《关于进一步加强网络视听节目创作播出管理的通知》,对网络视听节目的创作播出提出进一步要求。国家"十三五"规划建议也明确提出,要加强网上思想文化阵地建设,实施网络内容建设工程。此次《关于进一步加强网络视听节目创作播出管理的通知》,是对习近平总书记关于加强网络意识形态工作、培育良好网络文化、净化网络空间等要求的落实,也是实施"网络内容建设工程"的具体行动。

国家新闻出版广电总局文件

新广电发〔2017〕104号

国家新闻出版广电总局关于进一步加强
网络视听节目创作播出管理的通知

图6.9　国家新闻出版广电总局关于进一步加强网络视听节目创作播出管理的通知

(一)管理体系日趋规范

　　网络视听节目管理的主要法规依据是从2008年1月起施行的《互联网视听节目服务管理规定》以及2016年6月1日起施行的《专网及定向传播视听节目管理规定》。《关于进一步加强网络视听节目创作播出管理的通知》是对以上两个管理规定细则的重申,并对创作导向和播出要求做了更详细的指导。通知中提及的播前内容审核,总编辑负责制,属地管理,网上网下同一标准,同一尺度,节目创作生产要培育和弘扬社会主义核心价值观、坚守文明健康的审美底线等要求。通知中提及的"导向不正确的电视综艺节目,也不得以网络综艺节目的名义在互联网、IPTV、互联网电视上播出"等要求,同6号令中专网内容的管理也一脉相承。通知的出台,是不断细化、完善视听新媒体行业管理政策,适应网络视听节目行业快速发展的举措。

(二)同一标准同一尺度

　　网络视听节目与广播电视节目要切实做到同一标准、同一尺度。此次出台的通知,强调网络视听节目要坚持与广播电视节目同一标准、同一尺度,把好政治关、价值关、审美关,实行统筹管理。通知重点针对近两年行业内的一些不良现象,作出明确规定,旨在彻底杜绝部分不合规作品打"擦边球",从电视、院线等领域"转场"到网络视听领域的行为。一是,未通过审查的电视剧、电影,不得作为网络剧、网络电影上网播出。二是,导向不正确的电视综艺节目,不得以网络综艺节目的名义在互联网、IPTV、互联网电视上播出。三是,不允许在广播电视播出的节目,同样不允许在互联网(含移动互联网)上播出。四是,不得在互联网(含移动互联网)、广播电视等任何平台上以任何形式传播所谓"完整版""未删减版""未删节版"及"被删片段"等节目(含镜头片段)。网上网下同一标准、同一尺度的统筹管理,将挤压过度商业化、过度娱乐化和存在低俗倾向的视听节目的生存空间,将"劣币"逐出网络视听领域。

(三)向上向善的价值导向

网络视听节目必须坚持向上向善的价值导向。近年来,以网络剧、网络综艺、网络电影为代表的网络原创节目保持较快增长势头。对网络视听用户,特别是青少年群体已经产生广泛影响。为此,通知把对网络视听节目创作生产的引导,放在了视听节目管理的重要位置。通知强调,各类网络视听节目的创作和生产都要紧紧围绕培育和弘扬社会主义核心价值观,在落细落小落实上下功夫,唱响主旋律、传播正能量。[①]网络剧、网络电影等网络视听节目在剧情设计上要弘扬正气、伸张正义,传播真善美、鞭笞假恶丑,体现积善成德、明德惟馨的道德导向,发挥好道德教化和价值引领作用。各类网络视听节目必须坚守文明健康的审美底线。各类网络视听节目必须规范使用国家通用语言文字。这些要求的提出,主要针对当前部分网络视听节目存在的价值扭曲、娱乐至上、内容低俗、品质低劣、格调低下、语言失范等问题,旨在加强对网络视听领域创作生产的引导,培育积极健康、向上向善的网络文化,营造风清气正的网络空间。

---

① 余玉.我国网络视听节目发展前景、问题及建议[J].声屏世界,2017(8):14-17.

结语

全媒体运营行业蓬勃发展,还存在一些亟待解决的现实问题。比如如何适应媒体融合发展的趋势、不断壮大主流思想舆论?如何积极承担社会责任、更好呵护青少年健康成长?如何不断满足人民群众美好视听生活新期待,创作更多质量高、格调高、影响广的视听作品?回答好这些问题,是推动全媒体运营实现高质量发展的关键所在。

行业发展遵循市场规律,但任何时候都要以人民为中心。全媒体产品,服务的是广大人民群众特别是年轻群体,影响的是数以亿计的庞大用户群,在人们日常精神文化生活中扮演的角色越来越重要。这就决定了推动全媒体运营高质量发展,必须要以满足人民日益增长的美好生活需要为出发点和落脚点。

未来的全媒体运营将会呈现多元化和复杂化的趋势,行业企业要积极承担起社会责任,全媒体运营从业者要不断创新和变革,更好发挥全媒体运营的作用,链接人们生产生活、工作、学习,赋能经济社会发展和人民生活改善,让全媒体运营行业造福更多人。

著者

2024 年 7 月

参考文献

一、著作

[1]秋叶.新媒体运营[M].北京:人民邮电出版社,2021.

[2]黄有璨.运营之光:我的互联网运营方法论与自白[M].北京:中国工信出版集团,2022.

[3]黄轲,谢超,易俗.移动电子商务基础与实务[M]北京:人民邮电出版社,2021.

[4]赵溪,张艳,胡仕龙.全媒体运营师[M].北京:清华大学出版社,2021.

[5]黄文卿.新媒体后台操作与运营[M].北京:人民邮电出版社,2022.

[6]叶飞.今日头条、抖音、火山、西瓜视频运营一本通[M].北京:清华大学出版社,2022.

[7]马歇尔·麦克卢汉.理解媒介:论人的延伸[M].何道宽,译.北京:译林出版社,2019.

二、期刊论文

[1]毛玉西.“全媒体时代”多维内涵初探[J].新闻战线,2021(16):59-61.

[2]郭全中.智媒体的特点及其构建[J].新闻与写作,2016(3):59-62.

[3]金菊爱.新媒体时代若干媒体新概念辨析[J].浙江树人大学学报(人文社会科学),2017,17(1):81-86.

[4]习近平.加快推动媒体融合发展,构建全媒体传播格局[J].求是,2019(6):5-7.

[5]刘德寰,程馨仪.中国全媒体传播体系发展的三个阶段[J].新传播,2022(6):11-12.

[6]亢宽盈.用互联网思维增强科技传播效果[J].科技传播,2023,15(2):71-73.

[7]刘俊,张瑜,崔晓.中视频:概念、基点与媒介规律[J].中国电视,2022(6):

68-74.

[8]孙九霞,苏静.旅游影响下传统社区空间变迁的理论探讨:基于空间生产理论的反思[J].旅游学刊,2014,29(5):78-86.

[9]李文艳,张桓森.社交电商"小红书"发展现状分析[J].营销界,2020(20):32-34.

[10]王子健.众媒时代播客生存模式调研与制作流程探究[J].新闻研究导刊,2017,8(11):33-34.

[11]龙姣志.变现路径类型及潜在风险:基于我国短视频平台变现的研究[J].北方传媒研究,2022(2):42-46.

[12]熊忠辉.个人IP的视频媒体化与传播品牌化:以"李子柒现象"为例[J].传媒观察,2020(2):22-26.

[13]苏宏元.网络人设的符号化建构、表演及反思[J].人民论坛,2022(10):88-91.

[14]许高勇,王蕾婷."人设戏精"网络亚文化的自我呈现、社会表征及其反思[J].新疆社会科学,2020(1):118-125.

[15]周湘鄂.网络"人设"的传播特征、动因探析[J].编辑学刊,2023(1):116-120.

[16]闻晓彤.抖音短视频镜头语言运用与创新[J].新闻传播,2021(24):46-47.

[17]吴文玉.大数据时代下企业营销数据管理的整合与创新路径分析[J].现代信息科技,2019,3(3):185-187.

[18]李涵斌.新媒体账号数据分析万能模板探析[J].传媒论坛,2021,4(17):26-28.

[19]孙王江.电子商务网站营销数据分析技术初探[J].中国市场,2022,(19):133-135.

[20]胡泳,年欣.自由与驯化:流量、算法与资本控制下的短视频创作[J].社会科学战线,2022(6):144-165,282.

[21]梅楠.基于社交网络的"网红经济"营销模式分析[J].现代传播(中国传媒大学学报),2017,39(03):164-165.

[22]张锐,陈芷宜.数智化创新下电影营销范式的重塑与升级[J].中国电影市场,2022(9):36-42.

[23]武琦.新媒体语境下电影节短视频破圈路径探析[J].传媒论坛,2023,6(18):63-65.

[24]陈洁.基于"认知盈余"的碎片式新媒体内容变现研究[J].经济与社会发展,2017,15(6):68-72.

[25]钟倩.政务新媒体:行业媒体的弯道超车与转型发力:中国三农发布的实践与启示[J].当代电视,2022(5):102-104.

[26]刘檀.主播行业进入强监管时代[J].中国对外贸易,2022(9):30-31.

[27]程啸,樊竟合.网络直播中未成年人充值打赏行为的法律分析[J].经贸法律评论,2019(3):1-15.

[28]余玉.我国网络视听节目发展前景、问题及建议[J].声屏世界,2017(8):14-17.

[29]李金聪.5G背景下广电媒体如何以 MCN 模式发力短视频[J].传媒,2021(4):49-51.